Titus Müller · Eberhard Münch

Glücklich der Mensch

Titus Müller · Eberhard Münch

Glücklich der Mensch

Geschichten und Bilder aus dem Leben des Franz von Assisi

adeo

Glücklich der Mensch,
der seinen Nächsten trägt
in seiner ganzen Gebrechlichkeit.
Wie er sich wünscht,
von jenem getragen zu werden
in seiner eigenen Schwäche.

Glücklich der Mensch,
der seinen Bruder ebenso liebt und fürchtet,
wenn er weit entfernt ist,
wie wenn er bei ihm ist.
Der nichts hinter seinem Rücken sagt,
was er vor ihm in Liebe nicht sagen könnte.

Glücklich der Mensch,
der bei Tadel freundlich und ruhig bleibt.

Glücklich der Mensch,
der sich nicht vorschnell rechtfertigt.
Der demütig Beschämung und Tadel erträgt
Für ein Vergehen, an dem er schuldlos ist.

Glücklich der Mensch,
der beim Reden nicht alles von sich gibt
im Blick auf Lohn.
Der nicht unbedacht redet,
sondern weise voraussieht,
was er sagen muss und antworten.

Glücklich der Mensch,
der so demütig lebt,
bei denen, die ihm untertan sind,
als wären sie seine Herren.

Franz von Assisi

er Mensch
er beim Reden
icht alles
on sich gibt

Glücklich der Mensch
der beim Reden
Nicht alles
von sich gibt
im Blick auf Lohn
der nicht unbedacht
redet
sondern
weise

1

„Du wirst noch früh genug aufgespießt, François." So nannte Vater ihn immer, wenn er ihn an die glorreiche Zukunft der Familie erinnern wollte, die in seinen Augen nur in Frankreich liegen konnte. „Eines Tages wirst du an Turnieren teilnehmen und der Name Bernardone wird in aller Munde sein. Aber jetzt hilf mir, die Ladentür zuzunageln."

Franziskus schob das Schwert zurück in die Scheide und hielt das Brett fest, während Vater mit dem Hammer die Nägel in den Türrahmen trieb. „Ich muss zum Amphitheater", sagte er. „Alle anderen sind längst dort."

Seelenruhig hob der Vater ein weiteres Brett an. „Erst kommt die Arbeit, François, dann das Vergnügen. Wir müssen unser Geschäft schützen. Das ist auch in deinem Interesse."

„Du glaubst doch nicht im Ernst, dass der Stier in unser Haus läuft."

„Nicht der Stier, Junge, sondern die Meute, die vor ihm flieht. Und das bekommt den feinen Wolltuchen nicht, die gerade erst aus Flandern eingetroffen sind."

Als die Tür endlich zu Vaters Zufriedenheit verrammelt war, hastete Franziskus los. Schon läuteten die Kirchenglocken zur Vesper: das Signal. Er hörte das aufgeregte Johlen der Menge. Wohin würde der Stier sich wenden, wenn sie die Tore des Amphitheaters öffneten?

Das Johlen ging in Kreischen über. Er bog ab, orientierte sich. Offenbar stürmte der Stier in Richtung der Piazza San Rufino. Kaum hatte Franziskus den Platz betreten, ergoss sich aus der Straße gegenüber eine panische Menschenmenge. Männer, die vor Vergnügen und Angst jauchzten, hetzten ihm entgegen. Er wich zur Seite aus und stellte sich an eine Hauswand, um nicht niedergetrampelt zu werden.

Da kam er, ein prächtiger, weißer Stier. Er trabte auf den Platz und blieb stehen. Stolz und unbezwungen sah er sich um. Ein Muskelpaket mit gewaltiger Brust. Er preschte auf einen Nachzügler los, holte ihn ein und warf ihn mit den Hörnern hoch in die Luft. Wie eine Puppe flog der Mann zu Boden. Ehe der Stier ihn aufspießen konnte, stürmte Franziskus vor, um ihn von seiner Beute abzulenken. „He, hierher!", rief er.

Die Äuglein des Stiers funkelten zornig. Er donnerte auf Franziskus zu. Franziskus sah sich nach einer Tür um. Die Bewohner des Hauses, an dem er eben gelehnt hatte, winkten ihm, sie hielten ihm die Tür auf. Er schlüpfte hinein und sie konnten die Tür gerade noch hinter ihm schließen.

„Das war knapp", sagten sie.

Draußen schnaubte wütend das Tier.

„Das ist doch nichts für dich, Francesco." Sein Retter, ein älterer Tuchfärber, mit dem sie von Zeit zu Zeit Geschäfte machten, sah ihn voller Sorge an.

Die Frau des Tuchfärbers ergänzte: „Du wirst dich noch verletzen."

Sie konnten sich ja mit Vater zusammentun und den Stier aus dem Fenster mit faulem Gemüse bewerfen, wie es die kleinen Mädchen taten. „Verletzen? Ich werde den Stier zur Strecke bringen", sagte er. Bevor sie ihm weiter Vorhaltungen machen konnten, trat er wieder nach draußen und schloss die Tür hinter sich. Der Stier war fort. Man hörte aber entzücktes Angstgeschrei von der Piazza del Comune. Franziskus machte sich sofort auf den Weg dorthin.

Auf dem Marktplatz fand er den Stier von Menschen umgeben. Wohin das Tier sich auch wendete, wohin es mit dem gesenkten Kopf voranstieß, die Menge wich vor ihm zurück und teilte sich wie Wasser.

Ein Übermütiger blieb stehen. Erbost rannte der Stier auf ihn zu. Der Mann ließ sich zu Boden fallen und der Stier galoppierte über ihn hinweg. Der Mann stand auf und rieb sich den schmerzenden Rücken, rief dem Stier aber einen Fluch hinterher, um zu beweisen, dass er nicht eingeschüchtert war.

Franziskus entdeckte seine Freunde auf den Stufen des Minervatempels. Sie neckten den Stier, wedelten mit roten Tüchern und stießen Pfiffe aus, um sich, wenn er herandonnerte, rasch hinter die korinthischen Säulen des Tempels zu retten. Der Stier lief in seiner Wut sogar die Treppe hinauf.

Im Tempel befand sich die Kirche des Heiligen Donatus. Bestimmt gab es später Ärger, weil sie den Stier die Kirchenstufen hinaufgelockt hatten.

Das Tier trabte eine Runde auf dem Platz. Franziskus nutzte die Gelegenheit, um zu seinen Freunden zu gelangen. Luca und Samuele begrüßten ihn mit Schulterklopfen. Nur Matteo spottete: „Wollte Papi dich nicht gehen lassen? Du musstest wohl noch einen Stoffballen ausmessen."

„Halt besser den Mund, Luca“, erwiderte er. „Abgerechnet wird nach Sonnenuntergang.“ Tatsächlich dämmerte es bereits. Nicht mehr lange, dann durften sie den Stier angreifen. Das war die Regel: Bis zum Abend ließ man das Tier durch die Stadt toben, und in der Dämmerung wurde es gestellt und getötet. Sich dem wütenden Stier entgegenzuwerfen, wagten nur die Mutigsten. Heute würde er dabei sein, und er wollte es sein, der den entscheidenden Stich führte. „Wie wäre es, wenn wir ihn in die Gasse locken, die zur Santa Maria Maggiore führt?“, schlug er vor. „Dann kann uns keiner den Braten wegschnappen.“

Die drei waren sofort Feuer und Flamme. Mit ihren Tüchern machten sie den Stier auf sich aufmerksam und rannten vom Marktplatz. Er verfolgte sie wutschäumend. Franziskus sah den Schrecken in den Augen der Leute, die vor ihm zur Seite sprangen. Er gab alles, er rannte, dass seine Füße wie hektische Hammerschläge den Boden trafen. Trotzdem holte der Stier auf. Franziskus spürte das Beben unter seinen Füßen und hörte das Schnaufen des Tiers in seinem Rücken. Jeden Moment konnten ihn die spitzen Hörner berühren. Er rettete sich mit einem Hechtsprung über einen Zaun. Als er sich umwandte, sah er mit Entsetzen, dass ihm der Stier nachkam, er sprang über den Zaun, stieß im Sprung dagegen und riss ihn um.

Seine Freunde pfiffen und wedelten mit ihren Tüchern, aber offenbar hatte der Stier sich entschieden. Er wollte Franziskus zur Strecke bringen. Franziskus riss das Schwert aus der Scheide. Er sah den breiten Schädel auf sich zurasen, das schaumtriefende Maul, wie sollte er ihn zur Strecke bringen, wenn ihm der Bulle nur die Hörner und die harte Stirn darbot und keinerlei weiche Angriffsfläche?

Mit Gebrüll stürzte sich Matteo von der Seite auf das Tier. Er versenkte sein Schwert in dessen Bauch. Der Bulle strauchelte, kurz bevor er Franziskus erreicht hatte, und bog seinen Körper zur Seite. Von der eigenen Wucht weitergedrängt, fiel er auf die Schulter, Franziskus konnte gerade noch ausweichen, da krachte der Koloss vor ihn hin. Aber das Tier stand augenblicklich wieder auf, um Jagd auf Matteo zu machen. Der hatte nun keine Waffe mehr.

Franziskus sah den Körper des Bullen wie einen Berg Muskelfleisch vor sich. Er nahm das Schwert mit beiden Händen und rammte es in den massigen Leib, dort, wo er das Herz vermutete. Der Bulle brüllte auf. Sein gewaltiger Körper spannte sich. Dann brach er zusammen.

Samuele und Luca brachen in Jubel aus. Die Stelle im Zaun, die durchbrochen war, füllte sich mit immer mehr Menschen. Matteo kam heran, nahm Franziskus' Hand und riss sie in die Höhe. „Wir zwei, wir haben ihn getötet!", rief er.

Vor ihnen zuckten noch die Beine des Bullen. Blut lief ihm aus den Wunden in Bauch und Brust, es befleckte das weiße Fell. Franziskus sah, dass der Bulle noch um Atem rang, und wie ihm die Augen brachen.

Da tat ihm das Tier leid. Hatte Gott nicht auch den Stier wunderbar geschaffen? Mit welchem Recht quälten sie ihn und trieben ihn durch die Stadt, nur um den Kitzel der Gefahr zu spüren? Franziskus ließ Matteo los und kauerte sich nieder zum sterbenden Stier. Er legte ihm die Hand auf die Brust. Sie war verschwitzt und warm. Du wolltest weiterleben, dachte er, und wir haben dich gereizt und zu Tode gehetzt.

Er musste daran denken, wie er als Kind Regenwürmer gerettet hatte, wenn sie nach einem Schauer auf den hart getrampelten Weg gekrochen waren und nun zu vertrocknen drohten. Wie er Schnecken in den Schatten gebracht hatte. Wie er eine Mücke, anstatt sie zu erschlagen, geduldig bei sich Blut trinken lassen hatte. Er hatte damals geglaubt, alle diese Tiere würden eines Tages zu seinem Grab kommen, wenn er gestorben war, und weinen.

„Jetzt feiern wir erst mal!", sagte Matteo. „Ich kann's kaum erwarten, Julia von unserer Heldentat zu erzählen. Heute küsst sie mich, darauf verwette ich mein Schwert!"

„Ich komme nach." Als sie noch jünger gewesen waren, hatte Matteo einmal einer Fliege die Flügel ausgerissen, und sie hatten sich daran ergötzt, wie das verkrüppelte Tier über den Tisch hüpfte. Das war ihm schon damals widernatürlich und abstoßend erschienen. Warum hatte er nicht früher erkannt, dass es mit dem Stierkampf genauso war?

Er stand auf. Dutzende Männer gratulierten ihm. Er musste sich regelrecht losreißen. Auf dem Weg nach Hause dachte er an Georg, den Drachentöter. Hatte der auch Mitleid mit dem Untier gehabt, kaum, dass er die Lanze in seinen Leib versenkt hatte?

Schon als Kind hatte ihn die Geschichte vom Drachentöter fasziniert. Das Fresko in San Giorgio war vor seinen Augen lebendig geworden, wenn der alte Priester, der ihn in Rhetorik und Grammatik unterrichtete, die Geschichte von Georg und dem Drachen erzählte. Sagte er seine Lektion fehlerfrei auf, durfte er sich die Geschichte wieder und wieder wünschen. Er konnte sich daran nicht satthören. Die Kraft des Guten, die über das Böse triumphierte – so hatte er kämpfen und Heldenmut beweisen wollen. Der Drache hatte sich aufgebäumt und Georg hatte ihm den Spieß in den beschuppten Leib gestoßen.

Aber den Stier zu töten, das war kein Heldenmut gewesen. Ein unnötiger Tod war es, mehr nicht.

Zu Hause wartete Vater bereits auf ihn. „Großartig, mein Junge! Ich habe immer gewusst, aus dir wird was! Dir stiehlt kein Räuber auf den Handelsreisen die Waren. Mutig wie ein Edelmann bist du, du hast es in dir." Er überreichte ihm eine prall gefüllte Geldkatze. „Feiert anständig. Heute wird nicht geknausert!"

Wie bitte? Was war nur in seinen Vater gefahren? Pietro di Bernardone ließ neben dem Tuchhandel keine Gelegenheit aus, um verarmten Adligen für einen mickrigen Betrag Felder und Gärten und Waldstücke abzuschwatzen. Er feilschte mit jedem Kunden ums Geld, er schalt sogar die Mutter, wenn sie teure Krebspastete einkaufte! Wie kam es, dass er plötzlich so großzügig war?

„Nimm mich mit", flehte Angelo, sein kleiner Bruder.

Franziskus legte ihm die Hand auf die Schulter und sagte: „Das geht nicht. Du bist zu jung."

„Aber nächstes Jahr!" Angelo blickte bewundernd zu ihm hoch. Er schien tatsächlich eine Art Drachentöter in ihm zu sehen.

Franziskus wog die Geldkatze in der Hand. Das versprach, ein großartiger Abend im Wirtshaus zu werden. Er würde es sein, der den Wein in Strömen fließen ließ. Die Freunde würden ihn lieben! Zwar fühlte es sich wie Verrat am verendeten Stier an, aber lebendig wurde der auch nicht davon, wenn er Vaters Geschenk ausschlug.

Wenig später saß Franziskus an einer langen Tafel unter freiem Himmel, geröstete und gesalzene Vögel vor sich, guten Wein im Becher, und sang Lieder. Luca schlug das Tamburin im Takt dazu, Matteo spielt Flöte und Samuele zupfte die Laute. Franziskus langte nach einem weiteren Rebhuhnflügel und biss in das knusprige Fleisch.

Die schönen Mädchen Assisis tanzten um die Tische herum, sie tanzten die Farandole, immer im Kreis, der Wein hatte sie erhitzt. Vielleicht würde es zum Nachtisch nicht nur Kuchen aus Honig und Mandeln geben.

Der Stier war vergessen.

2

Wenn er vor etwas Angst hatte, dann war es Lepra. Der Aussatz unterschied nicht zwischen Arm und Reich, und wen er befallen hatte, der war verurteilt, über viele Jahre allmählich dahinzusterben. Franziskus schauderte beim Anblick des Aussätzigen, der allein in der Abenddämmerung über das Feld stakste.

„Fall nicht hin", spottete Luca, „sonst brichst du dir ein Bein ab!"

Sie lachten. Es war kein fröhliches Lachen, sie lachten aus einer hässlichen Hilflosigkeit heraus, um die Macht zu verspotten, die dieser Aussätzige über sie hatte, die Macht, den Tod zu bringen. Der Vermummte reagierte nicht auf ihren Spott. Er blieb stehen und sah stumm zu ihnen herüber.

„Wollen wir doch mal sehen, ob er sich an die Regeln hält", sagte Matteo und stieg vom Pferd. Er trat auf die vermummte Gestalt zu.

Erschrocken ließ diese die Ähren fallen, die sie von den Halmen gerissen hatte. Sie nestelte an ihrem Gürtel, zog eine hölzerne Klapper heraus und schlug sie, zur Warnung, wie es vorgeschrieben war.

„Kommt schon, es wird dunkel, lassen wir ihn", sagte Franziskus. Das Feld gehörte seinem Vater, aber er konnte dem

Aussätzigen nicht böse sein, dass er Ähren raufte. Welche Wahl hatte der Mann? Manchmal, wenn der Diebstahl überhandnahm, zogen Bewaffnete aus Assisi los und machten Jagd auf die Aussätzigen, dann gab es für eine Weile Ruhe. Man entschuldigte die Brutalität, indem man sagte: Früher oder später sterben sie ja sowieso.

Dieses Klappern war fürchterlich. Als könnten Wesen, die auf der Schwelle zwischen Leben und Tod standen, keine menschlichen Laute mehr von sich geben, nur ein schauerliches Scheppern.

Franziskus stellte sich die abgefaulten Glieder unter den Lumpen vor und das von Geschwüren zerfressene Gesicht. Besaß die Gestalt überhaupt noch einen linken Arm? Oder war es nur mehr ein Stumpf? Der rechte Arm und die rechte Hand waren vorhanden, mit denen schlug die Gestalt die Klapper.

„Matteo, lass ihn", versuchte er es noch einmal.

Matteo zog sein Schwert, als wollte er den Kranken erschlagen. Der Aussätzige humpelte unter Angstgeheul davon.

„Den sehen wir hier nicht wieder", sagte Matteo befriedigt, steckte das Schwert weg und stieg wieder auf sein Pferd.

Samuele stichelte: „Oder er kommt nachts, wenn du schläfst, mit ein paar seiner Leidensgenossen, und sie stecken dich an."

Als sie auf dem Weg nach Hause am Siechenhaus vorbeikamen, machten sie einen weiten Bogen darum. Sie führten die Pferde einhändig und hielten sich demonstrativ die Nasen zu. „Riecht ihr das?", fragte Matteo. „Widerwärtig! Können die sich nicht waschen!"

Einen Moment lang überlegte Franziskus, ob er ein wenig mehr christliche Nächstenliebe anmahnen sollte. Schließlich konnten die Kranken nichts dafür, dass sie litten. Dann aber schluckte er die Bemerkung hinunter. Dass die Freunde ihn auf ihre Ausritte mitnahmen, war nicht selbstverständlich, er durfte ihre Gunst nicht verspielen. Sie besaßen die Pferde und die Waffen dank ihrer adligen Herkunft, er hingegen war bloß der Sohn eines Tuchhändlers. Natürlich, er hatte Fähigkeiten, er konnte die Qualität verschiedener Stoffe einschätzen, Preise verhandeln, Handelsreisen planen. Er erkannte die Gier in den Augen eines Käufers, wenn dieser sich in ein teures Tuch für ein Gewand verliebt hatte, und brachte die richtigen Argumente vor, damit er sich zum Kauf entschloss. Franziskus trat aus dem Laden hinaus ins Tageslicht, um den Glanz eines Seidenstoffs zu zeigen, und wusste sein Lächeln gekonnt einzusetzen. In seiner eigenen Kleidung – geschmackvoll und französisch – war er den Adligen Assisis voraus: der geschlitzte Reitmantel aus feinster grünblauer niederländischer Wolle, das Hemd aus syrischem Damast, da konnten sie nicht mithalten. Er trug sogar die Haare lang wie ein Edelmann.

Aber was bedeutete das alles in Anbetracht des Umstands, dass er kein Ritter war und nie einer sein würde?

Luca, Matteo und Samuele würden mit einundzwanzig Jahren eine Schwertleite erleben, sie würden zum Ritter geschlagen werden. Für ihn hingegen kam nichts mehr, nur Handelsreisen und die tägliche Arbeit hinter dem Ladentisch. Er würde nie an einem Fürstenhof in immer ruhmreichere

Kreise emporsteigen oder sich ein Erblehen durch treuen Dienst bei einem hohen Herrn verdienen.

Der Anblick von Assisi im Mondschein entschädigte ihn ein wenig. Die weißen Häuser schmiegten sich an den Hang des Monte Subasio und die Obstgärten und Felder waren in Sternenlicht getaucht.

Über der Stadt thronte die Festung Rocca Alta. Seit er denken konnte, war sie besetzt von kaiserlichen Truppen unter Konrad von Urslingen, einem alten Herzog, der vom Neckar stammte. Es hieß, er sei gerade für einige Wochen hier in Assisi, plane aber, demnächst wieder nach Spoleto abzureisen. Wie würde er sich positionieren? Nach dem Tod Heinrichs IV., über den ganz Italien gejubelt hatte, waren zwei konkurrierende deutsche Kaiser gewählt worden, es lief auf einen Machtkampf hinaus. Und einen neuen Papst gab es außerdem, einen 37-jährigen Grafensohn, der sich jetzt Innozenz III. nannte. Konrad würde sich auf eine der Seiten schlagen müssen.

Aber was war das? Franziskus zügelte das Pferd. „Seht ihr, was ich sehe?“, raunte er.

Die anderen brachten ihre Pferde ebenfalls zum Stehen. „Die Fackeln am Stadttor?“, fragte Matteo scherzhaft.

„Nein. Ein Heerhaufen, dort vorn, im Dunkeln! Runter von der Straße“, zischte Franziskus, „schnell!“

Sie lenkten die Pferde zu einer Baumgruppe, etwa zwanzig Schritt von der Straße entfernt. Hinter einigen Büschen stiegen sie ab und spähten zwischen den Zweigen hindurch zur Straße.

„Du hast recht", flüsterte Luca. „Das sind mindestens zweihundert Mann."

Samuele raunte: „Was machen die hier? Ist das ein Überfall Perugias?"

„Unsinn. Die kommen doch von Assisi her."

Da begriff Franziskus. „Ich würde sagen, Konrad hat die Festung verlassen."

Luca sagte: „Das ist nicht bloß Konrad. Das sind fast die gesamten Besatzungstruppen."

In gespenstischer Stille bewegte sich der Heerhaufen die Straße entlang. Die Krieger unterhielten sich nicht, ihre Waffen klirrten nicht, nicht einmal der Mondschein glitzerte auf den Rüstungen. Anscheinend hatten sie alles sorgfältig mit Stoff umwickelt. Die Pferde, die sie an den Zügeln führten, gingen lautlos.

„Die haben auch die Hufe mit Filz umwickelt", flüsterte Matteo.

Warum verließen sie die Festung? Dass sie es heimlich taten, war verständlich: Niemand sollte wissen, dass die Festungsbesatzung auf ein Minimum geschrumpft war. Schlagartig wurde ihm die große Chance bewusst. Assisi konnte frei werden! Wenn sie die Festung eroberten, befreiten sie sich ein für alle Mal aus dem Griff der Deutschen.

Sie warteten in ihrem Versteck, bis die Bewaffneten vorübergezogen waren. Dann eilten sie in die Stadt und weckten die wichtigsten Familien. Oben in der Festung durfte niemand bemerken, dass der geheime Abzug aufgeflogen war. Matteo, Luca und Samuele redeten eindringlich mit ihren Vätern und gewannen sie dafür, dass ein Sturm auf die Festung gewagt werden sollte.

Manche andere Adlige wollten sich nicht anschließen. Die Festung anzugreifen, sich also vom Kaiser loszusagen, konnte einen Rachefeldzug der Deutschen nach sich ziehen, Konrad von Urslingen würde mit seinen Schwerbewaffneten zurückkehren und die Stadt belagern. Außerdem war die Festung nicht leicht einzunehmen, auch wenn die Besatzungsmannschaft verringert worden war. Es würde Tote geben.

Die anderen überstimmten sie und drohten ihnen Konsequenzen an, sollten sie das Vorhaben verraten oder ihnen mit ihren Kriegsknechten in den Rücken fallen. In fieberhafter Eile wurden die Rüstungen angelegt. Wer offiziell keine Waffe besitzen durfte, lieh sich eine. Andere gruben verbotene Waffen aus, die im Garten versteckt gewesen waren. Wegen der häufigen Scharmützel mit Perugia besaßen in Assisi viele ein Schwert oder einen Spieß, ob es nun erlaubt war oder nicht. Man band Leitern aneinander und rüstete Korbdeckel zu Schilden um.

Die Adligen, die gegen den Angriff waren, packten ihre Sachen und verließen ihre Häuser. Sie sagten nicht, wohin sie flohen, aber jeder wusste es: Sie gingen zum Feind nach Perugia.

Im Morgengrauen war ganz Assisi auf den Beinen. Die Kirchenglocken läuteten und die Einwohner stürmten hinauf zur verhassten Burg. Leitern wurden an die Mauern gelehnt, so viele, dass die verdutzten Wachen kaum wussten, wohin sie zuerst laufen sollten, um die Eindringlinge abzuwehren.

Schließlich sammelte sich die Festungsbesatzung über dem Haupttor und kämpfte verbissen um ihr Leben.

Franziskus näherte sich dem Dutzend Deutscher, die sich mit Schwerthieben und Dolchstreichen ihrer Haut erwehrten. Als er sah, wie Matteo einen von ihnen im Zweikampf immer näher an die Zinnen trieb und ihn schließlich mit einem Fußtritt in die Tiefe beförderte, als er das knochenknirschende Auftreffen des Körpers unten auf dem Felsen hörte, zog er sich zitternd zurück. Er sah, wie Luca einem Deutschen den Schwertknauf ins Gesicht schlug und ihm den Wangenknochen zertrümmerte, er sah, wie Samueles Vater von einem Deutschen die Hand abgehauen wurde. Die Schreie der Verwundeten wurden immer lauter. Die Deutschen waren kriegserprobt und nutzten jede Öffnung in der Deckung aus, um ihre Klingen ins Fleisch der Angreifer zu stoßen. Am Ende aber hatten sie keine Aussicht auf Erfolg. Bevor die Sonne sich vom Horizont gelöst hatte, starb der letzte Verteidiger.

Noch am selben Tag begannen sie, die Festungsmauern abzutragen. Mit Hacken, Meißeln und Schaufeln rückten sie ihnen zu Leibe, sie kratzten die Fugen frei, erweiterten die Schießscharten zu großen Löchern, stießen die Zinnen in die Tiefe und schleppten Steine fort. Das Tor wurde ausgehängt und weggetragen.

Franziskus schämte sich, dass er keinen einzigen Schwertstreich geführt hatte. Verbissen arbeitete er an der Zerstörung der Festung mit, bis ihm der Schweiß in Strömen über den Körper lief. Am Abend wählte die Stadtbevölkerung einen Vorsteher. Kein kaiserlicher Vogt sollte mehr über sie herrschen.

Das Schleifen der Festung forderte alle Kräfte, auch noch in den folgenden Wochen. Sie wussten: Wenn sie Konrad von Urslingen loswerden wollten, musste er sich bei seiner Rückkehr vor vollendete Tatsachen gestellt finden.

Aber obwohl Franziskus am Tag so hart arbeitete, schlief er nachts schlecht. Er träumte von den Todesschreien der Deutschen. Er sah sie von der Mauer in die Tiefe stürzen und wachte auf, nassgeschwitzt und keuchend vor Angst.

An einem heißen Nachmittag erschienen päpstliche Legaten und verlangten die Unterwerfung der Stadt. Vertreter Konrads von Urslingen begleiteten sie. Dort war er also gewesen, beim Papst. Der neue Stadtvorsteher und die Adligen Assisis lehnten die Forderung ab. Auch dem Papst wollten sie sich nicht fügen, sagten sie, schließlich seien sie gerade dem Maul des Wolfs entronnen, da wollten sie sich nicht gleich darauf in die Klauen des Fuchses begeben.

Die Legaten zogen sich erbost zurück, und die Stadtbevölkerung arbeitete nun jeden Tag daran, mit den herausgebrochenen Festungssteinen die Mauern Assisis zu erhöhen, um einer Belagerung besser standzuhalten.

Der Papst verhängte den Kirchenbann über die Stadt. Die Kreuze wurden verhüllt und die Kirchentüren fest verschlossen. Gottesdienste fanden nicht mehr statt. Als von der Festung nur noch ein Haufen Schutt übrig war, konnte Franziskus endlich wieder ruhiger schlafen. Die Bilder der Ermordeten verblassten.

Seine Freunde und er veranstalteten ein Fest, um den Sieg zu feiern. Wieder gab ihm der Vater großzügig das Geld dazu.

Er sah es gern, dass Franziskus sich in den Kreisen der Adligen bewegte. „Da lernst du was", sagte er. „Pass gut auf, wie sie sich die Welt untertan machen. Eines Tages mischst du ganz oben mit."

Franziskus lud die hübschesten Frauen der Stadt ein. Eigentlich war es den jungen Frauen nicht erlaubt, zum Fest zu kommen, ihre Familien schimpften. Aber bei aller öffentlich zur Schau gestellten Strenge duldeten sie es doch, dass die Töchter hingingen. Man hoffte auf gute Partien. Den Mädchen gefiel es, mit den Männern zu turteln, sich umwerben lassen und in den hübschen blauen, grünen und weißen Kleidern gesehen zu werden. „Alles Stoffe von uns", prahlte Franziskus.

Musiker spielten die Schalmei und die Laute. Franziskus tanzte, und der Tanz durchspülte ihn wie eine reinigende Wäsche. Sie tanzten den Tripudium und stampften die Füße fest auf den Boden, fest bei der Eins, leicht bei Zwei und Drei, im Daktylus.

Als er außer Atem war und sich wieder setzen musste, sah er einige Kinder, die sich an die Tafel mit den Speisen heranschlichen. Er sprang auf und verscheuchte sie. Eine Frechheit, ihnen die guten Pasteten zu stehlen! Er kannte diese Bengel, sie gehörten zu den zwei Familien, die sich von den Küchenabfällen seiner Familie ernährten. Auf ihren dünnen Beinen wirbelten sie davon.

Natürlich wusste er, dass Umbrien unter einer Missernte litt und die Preise für Getreide sich vervierfacht hatten. Aber man musste eben vorsorgen für solche Zeiten! Wer klug wirtschaftete, überstand auch eine Hungersnot. Die ärmere Bevölkerung war nur deshalb arm, weil sie faul war. Was taten die schon groß, um etwas an ihrem Unglück zu ändern? Sie hingen in ihren Lehmhütten vor den Stadtmauern Assisis herum, kochten Seife aus alten Knochen oder sammelten Brennholz, aber ihr Leben wirklich anzupacken und sich eine Zukunft zu erkämpfen, kam ihnen nicht in den Sinn.

In dieser Sache musste man Vater loben. Er kaufte mit Zähigkeit und Raffinesse Güter dazu, bald gehörte ihm mehr Land im Gebiet von Assisi als Favarone di Offreduccio, und der war adlig.

Dass er jetzt über die hungrigen Kinder nachdenken musste, machte ihn ärgerlich. Er streckte den Becher in die Höhe und brüllte: „Auf die Freiheit Assisis!“

Die Feiernden hoben ebenso ihre Becher und antworteten mit lauten Rufen. Dann begannen die Musiker ein neues Lied, und viele sprangen von den Bänken auf, um zu tanzen. Aus den Fenstern der Nachbarhäuser ertönte Protest, irgendwer rief etwas von schlafen. Franziskus und seine Freunde lachten nur.

3

Das Panzerhemd ließ ihm kaum Luft zum Atmen. Tausende kleiner Eisenringe zogen ihn nach unten wie Bleigewichte. Warum hatte Vater ein Panzerhemd kaufen müssen, das bis zu den Knien herabhing? Hätte es fürs Erste nicht eines der hüftlangen getan? Er machte ein paar Schritte. Versuchte, sich rasch umzuwenden und gegen einen Feind das Schwert zu ziehen. Die Eisenringe klirrten. Seine Bewegung war zäh, als hänge er in klebrigem Honig. Bis sie Jerusalem erreichten, würde er noch viel üben müssen.

Zum Glück konnte ihn hier im Herbergszimmer in Spoleto niemand beobachten. Die anderen Männer, die sich das Kreuz auf den Mantel gezeichnet hatten, waren muskulöser und jahrelang geschult im Umgang mit Rüstung und Schwert, sie taten seit der Jugend nichts anderes, als sich auf solche Feldzüge vorzubereiten. „Immerhin", hatte Vater gesagt, „sie nehmen dich mit, obwohl du der Sohn eines Tuchhändlers bist. Dir bleiben ja noch etliche Wochen. Wenn du hart arbeitest und dich jeden Tag mit der Waffe übst, wirst du ein fähiger Krieger sein, bevor ihr im Heiligen Land eintrefft. Mach uns Ehre!"

Als Händler, der auf Reisen seine Waren schützen musste, profitierte Franziskus von einer besonderen Erlaubnis des Königs. Er durfte zwar kein Schwert am Gürtel tragen wie die

Ritter, aber wenn es am Sattel hing oder im Wagen lag, durfte er ein Schwert besitzen und es auch führen.

Matteo, der sich ebenfalls am Kreuzzug beteiligte, behandelte ihn wie einen seiner adligen Freunde. Im Gegenzug hatte Franziskus versprochen, ihm im Heiligen Land auf dem Schlachtfeld als Waffengefährte zur Seite zu stehen.

Franziskus kniete sich auf den Boden und beugte sich nach vorn. Er streifte das erstickende Panzerhemd ab. Rückwärts kroch er heraus, während Kettenreihe um Kettenreihe klirrend auf den Boden rutschte. Er ließ das Panzerhemd an Ort und Stelle liegen. Mochte der Diener es später wegräumen, wenn er aus der Schankstube zurückgekehrt war.

Als er aufstand, hatte er das Gefühl zu fliegen, so leicht fühlte er sich. Immerhin, er reiste nach Apulien, dort würden sie sich dem Heer des Walter von Brienne anschließen und dann über das Meer fahren und Jerusalem sehen! Wenn er sich nur im Kampf bewährte ... Vielleicht wurde aus seiner Tuchhändlerfamilie doch eines Tages ein Rittergeschlecht? Stattlichen Landbesitz hatten sie bereits, und seine Freunde stammten aus namhaften Familien, sie konnten bei den Fürsten ein gutes Wort für ihn einlegen.

Franziskus legte sich aufs Bett und sah zur Decke. Die Welt steht mir offen, dachte er. Ich stehe vor einem großen Abenteuer und ich werde mir einen schönen Flecken dieser Erde erobern. Er war fünfundzwanzig, genau im richtigen Alter. Noch war er unverheiratet, es gab nichts, das ihn an einen Ort band.

Mit diesen Gedanken schlief er ein.

Im Traum sah er sich einen Weg entlanggehen, mit Bäumen rechts und links in schönstem Grün. Vögel zwitscherten. Zwischen den ausgedörrten Karrenspuren des Weges wuchs ein breiter Streifen fettes Gras mit Butterblumen. Er ging barfuß über das Gras, seine Sohlen spürten die weichen Halme, und die Butterblumen streichelten ihm die Fußknöchel.

Plötzlich sagte eine Stimme: „Wer kann dir mehr geben: der Herr oder der Knecht?"

„Der Herr natürlich", antwortete er und spazierte weiter.

„Warum verlässt du dann den Herrn und folgst dem Knecht?"

Er blieb stehen. Wem folgte er denn? War Matteo der Knecht? Aber wer war dann der Herr? Und woher rührte diese Stimme? Er wollte sich umdrehen und nach dem Mann sehen, der zu ihm gesprochen hatte, aber eine unbeschreibliche Scheu hielt ihn davon ab. Er fing an zu zittern. „Bist du Gott?", fragte er leise. „Was soll ich tun?"

„Geh zurück nach Hause", sagte die Stimme.

Franziskus wachte auf. Es war dunkel in der Kammer. Das Panzerhemd war aufgeräumt und er hörte die regelmäßigen Atemzüge seines Dieners. Ich habe nur geträumt, dachte er. Aber ihm war, als hätte er die Stimme immer noch im Ohr. Der Traum war merkwürdig real gewesen.

Gott hat mit mir gesprochen, dachte er, und sein Herz begann zu rasen. Er hatte das Gefühl, als sei noch jemand im Zimmer, ein Engel vielleicht? Oder Gott höchstpersönlich? „Ich werde gehorchen", flüsterte er. „Ich gehe zurück nach Hause."

Eine Stunde lag er da und starrte in das dunkle Zimmer. Sorgen krochen in ihm hoch. Was würden die Nachbarn in Assisi sagen, wenn er schon nach zwei Tagen heimkehrte? Würde man ihn nicht für einen Feigling halten? Wie würde Vater reagieren? Er hatte die Reise bezahlt, die Rüstung, das Zaumzeug, den Diener.

Und Matteo – würde er nicht das Gefühl haben, dass Franziskus ihn im Stich ließ? Immerhin hatte er ihm versprochen, auf den Schlachtfeldern an seiner Seite zu kämpfen!

Gott hat etwas anderes mit mir vor, sagte er sich.

Am nächsten Morgen suchte er in Begleitung des Dieners Matteo in seinem Zimmer auf. Der zog sich gerade den Wappenrock über. „Wart ihr etwa schon frühstücken?", fragte er. „Und ich dachte, ich bin früh aufgestanden!"

„Matteo, ich kehre um. Ich gehe zurück nach Assisi."

Der Freund hielt mitten in der Bewegung inne. „Bist du krank? Hat dir die Reise auf den Magen geschlagen? Wir können langsamer reiten. Oder wir bleiben einen Tag hier und rasten. Wenn wir Apulien erst in einer Woche erreichen, macht das nichts."

„Gott hat zu mir gesprochen."

Das Blut schoss Matteo ins Gesicht. „Mann, was soll diese Spinnerei! Seit Jahren liegst du mir in den Ohren, du willst Ritter werden, du willst dich beweisen, du musst weg aus diesem Nest. Und jetzt ziehe ich los und nehme dich mit, und du lässt mich im Stich? Erzähl mir nichts von Gott! Du hast Angst, du hast die Hosen voll, so sieht's aus!"

„Wenn ich Angst hätte, dann würde ich mich davor fürchten, meinem Vater unter die Augen zu treten. Meinst du, ich weiß nicht, wie peinlich das ist? Ich bin als Kreuzfahrer aufgebrochen, alle haben uns gefeiert. Und jetzt komme ich zurück und habe noch nicht mal Italien verlassen. Aber ich muss Gott gehorchen. Er hat im Traum zu mir geredet."

„Du glaubst das wirklich, oder?"

Franziskus hielt mit Mühe seinem Blick stand. Matteos Enttäuschung schmerzte ihn zutiefst. Seit der Kindheit waren sie Freunde. Diese Reise ins Heilige Land hatte ihre Freundschaft auf immer festmachen sollen.

„Dann verschwinde doch! Meinst du, ich will im Kampf einen an meiner Seite haben, der sich plötzlich überlegt, dass er doch keine Lust hat? Auf dich ist kein Verlass! Hau bloß ab, geh nach Hause zu deinem Vater und schneide Stoff zurecht."

„Ich lasse dir meinen Diener da, Matteo."

„Der Kerl hat eindeutig mehr Mumm als du. Geh mir aus den Augen!"

Er schlich nach draußen. Sattelte sein Pferd. Das Panzerhemd zog er nicht an, wozu sollte er jetzt noch üben, es zu tragen? Er band es hinter sich auf den Sattel und machte sich auf den Heimweg.

Das Klirren des Panzerhemds erinnerte ihn fortwährend an die abgebrochene Reise. Der Helm, den er an der Seite des Sattels befestigt hatte, war nutzlos geworden. Unterwegs machte er halt an einer Schmiede und verkaufte Rüstung und Helm weit unter Wert, nur um sie los zu sein.

Er fühlte sich erbärmlich, wie damals vor dreieinhalb Jahren, als er schon einmal zu kämpfen versucht hatte. Sie waren von Assisi losgezogen, um die verfeindete Nachbarstadt anzugreifen. Perugia hatte ihnen wegen des Schlosses von Sasso Rosso den Krieg erklärt, das wollte man nicht auf sich sitzen lassen. Hoch zu Ross war er neben dem Altar hergeritten, der von weißen Ochsen aufs Schlachtfeld gezogen wurde, das goldene Kreuz leuchtete, angestrahlt von der Sonne, und er fühlte sich wie ein Held. Sie überquerten den Tiber, Assisis Armee, ein unbezwingbares Heer. Dann waren die Peruginer über sie hergefallen, besser ausgebildet, besser bewaffnet, und hatten sie zurückgetrieben bis in die Wälder oberhalb von Collestrada. Das Fußvolk Assisis war dahingeschlachtet worden, und ihn, den Reiter, hatte man zusammen mit den anderen Reitern gefangen genommen, weil man glaubte, er sei adlig wie sie.

Monatelang lag er daraufhin im Kerker im feuchten Stroh. Seine Freunde traten vor Wut gegen die Wände, als sie noch Kraft besaßen, und lagen später apathisch da wie er und hörten dem Festjubel der Peruginer zu, das gedämpft von draußen durch die dicken Mauern hereindrang.

Erst als er nicht mehr gekonnt hatte, als er bereit gewesen war, inmitten von Ratten und Schmutz auf dem kalten Steinboden sein Leben auszuhauchen, hatten ihn die Peruginer gegen ein hohes Lösegeld freigelassen. Krank und schwach war er heimgekehrt. Als Versager war er zurück nach Assisi gekommen, und genauso kehrte er auch jetzt heim, gescheitert, müde. Er würde ein Schwächling sein in den Augen der Leute.

Der Abend dämmerte, als er durchs Stadttor nach Assisi hineinritt. Verwirrt sah man ihn an. Man tuschelte.

Er stieg vor dem Tuchgeschäft vom Pferd, band es an und betrat den Verkaufsraum. Vater erklärte gerade einem Kunden einen neuen Samtstoff und strich werbend darüber. Als er Franziskus erblickte, stutzte er. Das Verkaufsgespräch wurde plötzlich kühl, er zählte dem Kunden noch ein paar Vorzüge auf und entließ ihn dann, er solle morgen noch einmal wiederkommen, wenn er über die Sache geschlafen habe.

Kaum hatte der Mann den Laden verlassen, fragte Vater: „Was machst du hier? Wolltet ihr nicht zu Walter von Brienne reisen und euch mit seinem Heer nach Jerusalem einschiffen?"

„Ich hab die Reise abgebrochen."

„Wie meinst du das, abgebrochen? Hast du Fieber? Ist Matteo etwas zugestoßen?"

„Er fährt ins Heilige Land. Nur meine Pläne haben sich geändert."

„Den Diener habe ich für eine Woche im Voraus bezahlt! Und was ist mit der Rüstung?"

Er übergab den Beutel mit Münzen, die ihm der Schmied gegeben hatte.

Vater sah hinein, dann schrie er: „Das ist nicht mal die Hälfte meines Geldes! Ich arbeite hier Tag um Tag, damit du's zu was bringen kannst, und du verschleuderst unseren Besitz, als gäbe es kein Morgen. Ein Nichtsnutz bist du! Und ein Feigling obendrein!"

Franziskus wurde heiß im Gesicht. Alles, was er sich zur Erklärung zurechtgelegt hatte, war plötzlich weg. Er wusste,

der nächste Satz würde sein Leben verändern. Nachdem er sich kurz gesammelt hatte, sagte er: „Gott hat zu mir gesprochen."

„Gott!" Vater schrie noch lauter. „Das wird ja immer schöner. Du machst uns zum Gespött der ganzen Stadt, mich machst du zum Gespött! Willst du uns ruinieren? Wer kauft bei den feigen Bernardones noch Stoffe? Wer treibt Handel mit einer Familie, die ihr Kreuzzugsgelübde gebrochen hat? Glaub ja nicht, das schöne Leben mit Festen und Mädchen und Tanzgelagen geht jetzt für dich weiter. Du wirst schuften, jeden Tag, bis die Ehre der Familie wiederhergestellt ist!"

„Ja, Vater." Er machte kehrt. Die Tränen verschleierten ihm die Sicht, aber irgendwie schaffte er es nach draußen.

„Wo willst du hin?", brüllte der Vater ihm nach. „Es gibt Tuch abzumessen! Und in Foligno wartet ein Schneider auf eine Lieferung!"

Er ging. Er brauchte Schutz, musste allein sein. Der Kopf dröhnte ihm. Durch das Stadttor ging er hinaus, lief über die Felder, entlang der Olivenbäume. Die Sonne stach ihn. Um auszuruhen, zog sich Franziskus in die Kirchenruine von San Damiano zurück. Im Schatten der Mauern setzte er sich auf einen Stein und weinte.

Als er keine Tränen mehr hatte, fühlte er sich leer und ausgelaugt. Er wischte sich mit der Armbeuge das Gesicht ab. Vater hatte ja recht, er hatte nur gefeiert und geschwelgt, ein besonders fleißiger Arbeiter war er nie gewesen. Er hatte Matteo enttäuscht, seine Familie entehrt, und für die Schwächsten, die Leprakranken und die Hungernden, hatte er nur Spott und Fußtritte übrig. Ihn ekelte vor sich selbst.

Sein Blick fiel auf das Kreuz, das immer noch in der alten, verfallenen Kirche hing. Die Bauern hatten zwar Steine entwendet und Mauern eingerissen, aber das Kreuz wegzunehmen, hatten sie nicht gewagt.

Jesus.

Man hatte ihn auf das Übelste misshandelt damals, hatte ihn ausgepeitscht und ihm Dornen ins Gesicht gedrückt. Am Ende war er am Kreuz erstickt. Warum hatte er nicht die Legion von Engeln gerufen, die doch zu seiner Verfügung stand? Er hätte im Triumph wieder vom Kreuz steigen können. Er hätte die Hügel Judäas zusammenfalten können, hätte die Wälder in einem Wirbelsturm zu Kleinholz zerknicken und aufs Meer hinausschleudern können. Er hätte die Spötter auf die Knie zwingen können mit einem überirdischen donnernden Schall.

Aber er war still gestorben. Gottes Sohn hatte seine Arme ausgestreckt und sich festnageln lassen, er hatte sich die demütigenden Witze angehört und die Angst in den Augen seiner Jünger erduldet, hatte es verkraftet, dass sie ihn alle verließen aus Sorge um ihre eigene Haut.

Für dich, sagte eine Stimme in seinen Gedanken. Ich habe das für dich getan.

„Aber ich verdiene es nicht“, flüsterte er.

Das ist Gnade. Ein Lächeln schwang in der Stimme mit, als sie das sagte. Ich bin aus Liebe behutsam mit euch.

Da musste er ebenfalls lächeln. Ein zögerliches, unscheinbares Lächeln war es nur. Ein fragendes Lächeln. Er fühlte sich, als nähme man ihm ein tonnenschweres Panzerhemd

von den Schultern. Vor Rührung musste er schlucken. „Und jetzt?“, fragte er. „Was tue ich jetzt?“

„Setze meine Kirche instand.“

Oh, wie gern wollte er das tun! Er betrachtete die zerrütteten Mauern, den rissigen Putz, und die Brust wurde ihm weit, er bekam Luft, weil er wusste: Vor ihm lag eine erfüllende, gute Aufgabe.

4

In den nächsten Wochen ging er nach Beendigung der Aufgaben im Geschäft seines Vaters von Haus zu Haus und bat um Spenden für die Instandsetzung der Kirche. Seit sich Assisi erneut dem Papst unterworfen hatte, waren im Ort alle Kirchen wieder geöffnet, es herrschte kein Mangel an Gottesdiensten. Die Leute sahen nicht ein, weshalb sie ihm Geld geben sollten. „Wozu eine Ruine aufbauen?“, sagten sie. „Wir haben doch genügend Kirchen.“

Andere glaubten, er stelle die Kirche wieder her, um insgeheim für sein gebrochenes Kreuzzugsgelübde zu büßen, und gaben ihm aus Mitleid einige Münzen oder ein altes Schmuckstück aus Silber.

Es gab aber auch jene, die schimpften. „Frag deinen Vater! Der hat genug Geld für drei Kirchen!“

Nie wusste er, wenn er an eine Tür klopfte, was ihn erwartete.

Es ging nur langsam voran. Er rechnete sich aus, wie viel die Bauarbeiten kosten würden: Maurer und Zimmerleute würde er brauchen, Steine für die fehlenden Wände und das Baumaterial für d.

Eines Tages, als sich der Vater auf einer Handelsreise nach Antwerpen befand und Angelo ein Mittagsschläfchen machte, stahl Franziskus drei Ballen beste Scharlachwolle aus dem

Lager, band sie am Sattel seines Pferdes fest und ritt nach Foligno. Dort verkaufte er die Wolle und das Pferd. Fröhlich spazierte er mit einer prall gefüllten Geldkatze zurück nach Assisi.

In der Kirchenruine traf er den Pfarrverweser an, einen alten Priester, der die verwaiste Kirche nicht aufgeben wollte und mühevoll das Unkraut hackte, das sich im Gemäuer festsetzte.

Franziskus grüßte ihn und fing an, ebenfalls Unkraut herauszureißen.

Als der Priester ihm dankte, sagte Franziskus: „Was hältst du davon, wenn wir die Kirche wiederaufbauen? Mit einem neuen Dach und instand gesetzten Mauern wächst hier kein Unkraut mehr."

Der Priester riss die Augen auf. „Du bist das! Ich hab schon gehört, dass ein reicher Pfau aus Assisi für San Damiano Geld sammelt."

„Und ich habe alles zusammen." Er hob die Geldkatze hoch.

Der alte Priester wurde misstrauisch. „Das Schicksal dieser Kirche kümmert niemanden. Ich kann nicht recht glauben, dass das Geld wirklich gestiftet wurde. Du hast es doch nicht durch Unrecht erworben und willst dir mit der Spende das Gewissen reinwaschen?"

Franziskus verneinte. Er fand, dass die Scharlachballen ihm als Lohn für seine Arbeit zugestanden hatten. Seit der Rückkehr vom Kreuzzug hatte der Vater ihm kein Geld mehr gegeben.

Der Priester winkte trotzdem ab.

Er traut mir nicht, dachte Franziskus. Kann man's ihm verdenken? Er würde sich das Vertrauen des Priesters Stück für Stück erobern müssen. Mit gleichgültiger Geste warf er die Geldkatze in eine Fensternische und fragte: „Darf ich wenigstens hier in der Kirche schlafen? Ich würde gern morgen weitermachen. Es gibt viel zu tun."

„Wenn es das ist, was du möchtest." Der Priester nickte. „Gott befohlen."

Fortan wohnte Franziskus in der alten Kirche. Er befreite sie von Schutt und Schmutz und bereitete die Bauarbeiten vor. Jeden Abend kam der alte Priester und brachte eine Suppe oder einen gegrillten Fisch. Sie redeten lange, und Franziskus staunte, welche Liebe der Priester zu allen Menschen empfand, sogar zu solchen, die er selbst bisher als wertlos erachtet hatte.

In der Zwischenzeit kehrte Pietro Bernardone heim, und schon bei der ersten Lagerbegehung fiel ihm der fehlende Scharlachstoff auf. Sofort hatte er Franziskus im Verdacht. Wo der missratene Sohn sich aufhielt, war nicht schwer herauszufinden. Pietro rückte mit zwei kräftigen Lastenträgern an, sie packten Franziskus und schleiften ihn zurück in die Stadt. Dort verprügelte ihn der Vater nach Strich und Faden und sperrte ihn im Keller ein.

Am nächsten Tag schlich sich die Mutter heimlich hinunter in den Keller und strich Franziskus Salbe auf die blauen Flecken und Schürfwunden. Dabei wurde ihr Mitleid so groß, dass sie ihn schließlich freiließ.

Ohne auch nur einen Moment zu zögern, ging er zurück zur alten Kirchenruine und setzte seine Arbeiten fort.

Zur Mittagsstunde erschien der Vater in der alten Kirche. Franziskus glaubte schon, jetzt setze es neue Prügel, aber Pietro redete sehr ruhig mit ihm. „Du weißt, dass ich ungern Geld ausgebe. Aber ich war immer großzügig zu dir, oder etwa nicht? Ich habe dich freigekauft, als du in Perugia eingekerkert warst. Ich habe dir Feste bezahlt und schöne Mäntel, ich habe dich für den Kreuzzug ausgestattet und dich auf Handelsreisen nach Frankreich und Flandern mitgenommen."

„Das ist wahr, Vater."

„Dann verstehst du sicher auch, dass mich dein Diebstahl entsetzt. Ich habe dir immer gegeben, was du haben wolltest. Es ist unehrenhaft, den eigenen Vater zu bestehlen."

„Viele in Assisi haben etwas zum Wiederaufbau dieser Kirche beigetragen", wandte Franziskus ein. „Da konnten wir als Familie doch nicht hintanstehen! Seit meiner Rückkehr vom Kreuzzug hab ich nichts von dir bekommen. Das Geld ist mein Lohn. Ich kann damit machen, was ich will."

Der Vater sah sich um. Er betrachtete grimmig die schiefen alten Mauern von San Damiano. „Erstens", sagte er, „hast du nicht mal annähernd den Verlust abgearbeitet, den ich durch deine Rüstung hatte. Zum Schleuderpreis hast du sie weggegeben! Zweitens sehe ich hier nirgendwo den Gegenwert von drei Ballen bester Scharlachwolle. Was hast du mit dem Geld gemacht?"

„Wir brauchen es für Handwerker und Baumaterial. Das Dach muss repariert werden, und zwei Mauern wurden abgetragen, die müssen wir ersetzen."

„Wieso, Franziskus? Was kümmert dich diese heruntergekommene Kirche? Ich bitte dich ...“ Seine Stimme brach. „Als dein Vater bitte ich dich“, setzte er erneut an, „komm zurück nach Hause, und bring das Geld mit, es gehört ins Geschäft, so wie die drei Ballen Scharlachwolle ins Geschäft gehört haben. Sei vernünftig.“

„Das Geld gehört Gott. So wie im Grunde alles Gott gehört. Er ist der Eigentümer der ganzen Welt, und er gibt und nimmt, was er will.“

„Aber nicht von mir!“ Pietro wurde laut. „Man wird mir weder mein Geld nehmen noch meinen Sohn!“

Franziskus stellte sich unter das Kreuz. Dieses Mal würde er sich nicht aus der Kirche zerren lassen.

„Ich habe dich immer geliebt, François“, sagte der Vater leise. „Du warst ein schwächlicher, schmaler Knabe, ein Sorgenkind, und trotzdem habe ich dich gefördert. Ich habe dich zur Schule von San Giorgio geschickt und dich von den Priestern in Rhetorik und Grammatik unterrichten lassen. In San Nicolò durftest du das Vaterunser lernen und das Credo und von den Wundern Christi erfahren. Ich hab's dir durchgehen lassen, wenn du beim Essen wählerisch warst und die edelste Speise stehen gelassen hast. Pica hat dir jedes Mal etwas Neues gekocht. Du hast bei uns gelebt wie ein Prinz.“

„Das ist vorbei, Vater.“

„Wozu habe ich dich auf meine Reisen mitgenommen, nach Florenz, in die Champagne, in die Provence, nach Flandern? Das frage ich dich! Ich habe in dich investiert, in deine Ausbildung, in deine Zukunft! Du hast kein Recht, das wegzuwerfen. Du bist und bleibst mein Sohn."

„Dann akzeptiere, dass ich einen neuen Weg eingeschlagen habe, Vater."

„Ich werde dich vor die Konsuln bringen!", schrie er, dass es von den brüchigen Kirchenwänden widerhallte. „Du wirst mir alles zurückzahlen!"

Mich kann er nicht zurückhaben, dachte Franziskus, deshalb klammert er sich an das Geld. Der Vater tat ihm leid. Nicht einmal die Prügel trug er ihm nach. Vater war ganz offensichtlich überfordert, er war ratlos. Aus Verzweiflung kämpfte er um etwas, das man nicht erzwingen konnte. „Aber ich unterstehe nicht länger der weltlichen Macht, Vater. Ich bin jetzt ein Mann der Kirche."

„Dann soll der Bischof über dich richten!" Wütend verließ Pietro Bernardone die Kirche.

Tatsächlich kam am nächsten Tag ein Bote, der ihn in aller Form einlud, ihm zum Bischofspalast zu folgen.

Franziskus legte die Hacke fort und holte die Geldkatze aus der Fensternische. Wenn er ein Mann der Kirche sein wollte, musste er dem Bischof gehorchen. Er folgte dem Boten, nur einmal bat er ihn, kurz zu warten, während er sich an einem Brunnen wusch.

Monsignore Guido, der Bischof von Assisi, war beinahe so reich wie Vater. Womöglich schlug er sich auf Vaters Seite. Wenn sie mich zwingen, das Geld herzugeben, dachte Franziskus, dann tue ich das – aber ich gehe nicht zurück ins Tuchhändlergeschäft.

Schon von Weitem sah er den Kirchturm von Santa Maria Maggiore in den blauen Himmel ragen. Der Bischofspalast befand sich gleich daneben. Als sie auf den Platz vor der Kathedrale traten, begriff Franziskus, dass die Verhandlung gar nicht im Palast stattfinden sollte. Man hatte sie nach draußen verlegt. Mit Ausnahme einer freien Fläche in der Mitte, auf der ein langer Tisch und Stühle standen, war der Platz bis in den letzten Winkel mit Menschen gefüllt. Auf dem erhöhten Stuhl in der Mitte saß der Bischof. Pergamente lagen bereit, Schreibgehilfen spitzten bereits die Federn an, um sie jederzeit in die Tintenfässchen tauchen zu können, wenn es ein Wort festzuhalten galt. Halb Assisi war gekommen, um sich anzuhören, wie er den Streit mit dem Vater ausfocht. Waren sie schadenfroh, hatte eine perverse Lust sie hierhergetrieben?

Auch Vater und Mutter waren da. Er lächelte die Mutter an, und sie blinzelte, als habe sie ein Staubkorn im Auge. Sicher war ihr die ganze Sache unangenehm. Sie stand aufrecht da, ihr schmales französisches Gesicht strahlte Würde aus. Verständlich, dass Vater sich in sie verliebt hatte, als er in Frankreich auf Geschäftsreise gewesen war. Er hatte sich die Mutter quasi wie einen besonders schönen Stoff mit nach Hause gebracht.

Warum war sie dagegen gewesen, dass er Francesco genannt wurde, „Franzose“? Sie selbst nannte man doch auch mit Spitznamen „Pica“, weil sie aus der Picardie stammte. War sie schon damals nicht damit einverstanden gewesen, dass der Vater ihm den Lebensweg vorzuzeichnen versuchte? Sie hatte ihm in seiner Kindheit zwar französische Schlaflieder vorgesungen, aber wenn der Vater nicht zu Hause war, nannte sie ihn heimlich Giovanni.

Der Bischof begrüßte die Anwesenden und erklärte den Streitfall. Dann übergab er das Wort an Pietro.

Der Vater trat auf den freien Platz und schilderte mit lauter Stimme das Leid, das ihm sein Sohn angetan hatte. Er betonte noch einmal seine väterliche Güte, fünfundzwanzig Jahre fördere er Franziskus jetzt schon und habe ihn auf seine Aufgaben als sein Nachfolger im Tuchhandel vorbereitet. Aber sein ältester Sohn habe ihn getäuscht, er habe aus dem Lagerhaus Waren entwendet. Trotz der herben Enttäuschung sei er bereit, Franziskus wieder aufzunehmen und in sein Erbe einzusetzen, wenn er seine Tat bereue und die Summe zurückzahle.

Die Zuschauer staunten über die Güte Pietro Bernardones. Ein Murmeln und Tuscheln brandete durch die Menge.

Monsignore Guido wandte sich an Franziskus. „Du hast deinem Vater viel Ärger bereitet. Natürlich ist dein Einsatz für San Damiano ehrenwert. Aber glaubst du nicht, dass Gott für den Wiederaufbau seiner Kirche selbst Sorge trägt? Hab Vertrauen in ihn! Wenn du Gott dienen willst, rate ich dir, gib das Geld zurück."

Franziskus dachte über das Gehörte nach, dann nickte er. Er holte die prall gefüllte Geldkatze hervor und warf sie dem verdutzten Vater zu. Der fing sie auf. „Es fehlt nichts", sagte Franziskus. Dann zog er seelenruhig den Tasselmantel aus, das Hemd, die Beinlinge. Erneut ging ein Raunen durch die Menge. Franziskus warf dem Vater das Bündel Kleider hin. Schließlich zog er sogar die Unterwäsche aus und die Schuhe.

Nackt stand er da, nackt vor halb Assisi. „Jetzt kann ich in aller Freiheit sagen: ‚Vater unser, der du bist im Himmel.' Pietro Bernardone ist nicht länger mein Vater, ich verzichte auf mein Erbe und auf allen Besitz, den ich von ihm erhalten habe."

Während die Menge noch starr war vor Schreck, stand der Bischof auf, ging eilig um den Tisch herum und hüllte Franziskus in seinen Mantel ein.

Tapfer starrte ihn die Mutter an. Er wusste, sie würde zusammenbrechen, sobald sie wieder zu Hause war.

Der Vater schnaubte. „Meinetwegen, dann soll es so sein." Er wandte sich an Angelo, Franziskus' jüngeren Bruder. „Wir gehen."

5

Franziskus hielt sich ein paar Tage außerhalb der Stadt auf, dann kehrte er zurück, um in Assisi um Unterstützung für den Wiederaufbau von San Damiano zu werben. Alte Freunde schenkten ihm verstohlen Kleidungsstücke, Nachbarn ein Stück Käse oder ein paar Nüsse. Von den meisten wurde er jedoch abgewiesen. „Dein Erbe schmeißt du hin, und jetzt willst du Brot von uns?“, spotteten die einen. Die anderen schimpften: „Arbeite was Anständiges, dann kannst du dich auch ernähren, du Faulpelz!“

Nur wenige sahen den Wiederaufbau der alten Kirche als gottgefällig an. Sie schenkten ihm Steine und Holz oder liehen ihm einen Karren für den Transport.

Er erlebte eine Freiheit, wie er sie nie gekannt hatte. Ohne Geld zu leben, ohne Besitz – das war ihm früher unvorstellbar erschienen. Jetzt wachte er am Morgen auf und wusste nicht, was er essen würde, und war doch glücklich.

Er kniete sich dann auf die taunasse Wiese vor der Kirche, atmete tief die frische Morgenluft ein und danke Gott dafür, dass er am Leben war. Er betete den Schöpfer an. Er lauschte auf das Pfeifen der Schwalben und sah ihnen zu, wie sie pfeilschnell über den Himmel zischten.

Anschließend machte er sich auf den Weg nach Assisi oder in ein benachbartes Dorf, um mit Liedern Gott zu loben und mit Worten um Steine und Hilfe beim Bau zu bitten.

Einmal, als er auf dem Weg nach Foligno war, kam ihm in der Ebene von Assisi ein Aussätziger entgegen. Franziskus blieb stehen. Nach wie vor ekelte ihn vor den Verfaulenden. Gleichzeitig schämte er sich. Jesus hatte sich oft mit Kranken beschäftigt und ihnen geholfen. Hätte er den Aussätzigen gemieden? Sicher nicht. Er liebte ihn genauso wie jeden anderen Menschen.

Zitternd vor Angst setzte er sich wieder in Bewegung. Er ging auf den Aussätzigen zu. Je näher er kam, desto mehr würgte es ihn. Das verunstaltete Gesicht! Die Augen, die von Geschwülsten umgeben waren, das aufgebrochene, faulige Fleisch der Lippen!

Der Aussätzige streckte ihm die Hand hin. Natürlich, er dachte, er würde ein Almosen bekommen. Franziskus hatte noch einige Nüsse vom Vortag, die kramte er heraus und legte sie in die Hand.

„Danke", sagte der Aussätzige. Erst an der Stimme erkannte Franziskus, dass es eine Frau war. Wie schrecklich musste sie darunter leiden, so verunstaltet zu sein! Vielleicht hatte sie ihren Mann gepflegt und sich bei ihm angesteckt.

Er fragte: „Tut es weh?"

„Nein", sagte sie, „man spürt es nicht." Aber in ihrer Stimme lag eine müde Traurigkeit, die ihn an Tiere erinnerte, die sich, vom Leben ermattet, in Höhlen zurückzogen, um zu sterben. Sie steckte die Nüsse ein und wollte weitergehen.

„Warte." Er wusste nicht, ob es richtig war, was er tat, aber er streckte die Hand aus und nahm ihre fleckige Hand, und er sagte: „Gott hat dich nicht vergessen."

Sie wollte antworten, er sah, dass sich ihr Mund bewegte. Dann schwieg sie doch. Ihre Augen wurden feucht.

Er fragte: „Wie kann ich den Menschen helfen, die unter der Lepra leiden?"

„Geh ins Siechenhaus, in dem die Sterbenden gepflegt werden. Früher oder später landen wir alle dort."

Das Siechenhaus, natürlich. Es war, seit er denken konnte, sein Schreckensort gewesen. Ein ganzes Haus voll verwesender Männer und Frauen. Das lief bestens ohne ihn, da wurde er doch gar nicht gebraucht. „Werdet ihr dort nicht von Mönchen betreut? Ich meine, die wissen, was sie tun. Sie haben Erfahrung. Ich stünde ihnen nur im Weg, fürchte ich."

„Die Mönche würden sich bestimmt über Unterstützung freuen. Es ist viel Arbeit und sie sind nur wenige. Aber ich muss dich warnen. Einer von ihnen ist vor Kurzem krank geworden. Er hat sich mit dem Aussatz angesteckt."

Franziskus schluckte. Er widerstand mit Mühe dem Impuls, seine Hand zu inspizieren. Hatte er sich bei der Frau den Aussatz geholt?

Sie sagte: „Du bist ein besonderer Mensch. Ich möchte dir –" Sie stockte. „Danke, dass du meine Hand genommen hast. Die meisten sehen in uns nur noch Tote. Du hast mir heute das Gefühl gegeben, lebendig zu sein."

Zwei Wochen verstrichen, ehe Franziskus genug Mut aufbrachte, zum Siechenhaus zu gehen. Dort wurde er freudig empfangen. Die Not war so groß, dass er binnen kurzer Zeit seine Abscheu vergaß und mit anpackte.

Fortan teilte Franziskus seine Woche ein. Zwei Tage half er im Siechenhaus. Er verband die Geschwüre der Aussätzigen, entfernte verfaultes Fleisch und wusch den Sterbenden Gesicht und Hände. Zwei Tage arbeitete er an San Damiano, schleppte Steine, schlug morsches Holz heraus und setzte neue Balken ein. Dabei kam ihm zugute, dass er am Abriss der Festung beteiligt gewesen war und mitgeholfen hatte, die Mauern Assisis zu verstärken. Dort hatte er Erfahrung sammeln können. Die verbleibenden zwei Tage vor dem Sonntag verbrachte er damit, durch die Straßen von Assisi zu ziehen und um Essen und Baumaterial zu bitten.

Besondere Freude machte es ihm, das Empfangene mit Leuten zu teilen, die in noch größerer Not waren als er. Einmal schenkte er einem Bettler sein Hemd und lief drei Tage mit bloßem Oberkörper herum, bis sich jemand erbarmte und ihm ein abgetragenes altes Hemd gab. Oft teilte er die Essensreste, die ihm die Bürger in seinen Napf gefüllt hatten, mit hungernden Kindern.

Er spürte, dass er sich Schritt für Schritt veränderte. Selbst seinen Widerwillen, gespendete abgenagte Knochen nach letzten Fleischresten zu untersuchen und sie zu essen, überwand er. Früher hätte er ranziges Fett weit von sich gewiesen, jetzt strich er es auf ein Stück hartes Brot. Er wagte sogar, von altem Käse abzubeißen, wo der Schimmel nicht allzu arg wütete.

Als er beim Betteln an eine Haustür kam, hinter der man Festmusik hörte, wurde ihm allerdings schwer ums Herz. Er kannte das Lied, kannte die Tanzschritte dazu. Durch das Fenster sah er die Feiernden, darunter viele seiner Freunde.

Wie sich Luca von der schönen Julia mit Weintrauben füttern ließ! Was für ein herrliches Seidenhemd Samuele trug, es schmeichelte im sanften Windhauch der Haut. Ihm fiel der Liedtext wieder ein. Am liebsten hätte er jetzt in den Gesang mit eingestimmt.

Was für ein Idiot ich doch bin, dachte er und schlich fort. Ich könnte da drin sein und mitfeiern, stattdessen ernähre ich mich von Müll, den die Leute wegwerfen, und baue eine Kirche wieder auf, in die am Ende doch nur ein paar alte Bauern gehen werden. Zweifel stiegen in ihm auf. Konnte die Stimme, die er im Traum gehört hatte, nicht auch nur Einbildung gewesen sein?

Andererseits war sein Erschrecken in jener Nacht echt gewesen, und er hatte damals keinen Moment lang daran gezweifelt, dass Gott zu ihm gesprochen hatte. Auch die wunderbare Begegnung mit Jesus Christus in San Damiano wollte er auf keinen Fall missen. Ihm war doch mit solcher Beglückung bewusst geworden, dass er aus Gnade errettet war! Nein, er war jetzt mehr Franziskus, als er es je zuvor gewesen war. Er hatte zu seiner Berufung gefunden.

„Ich werde mich nicht für meinen Weg schämen", sagte er zu sich selbst. „Schließlich haben Jesus und seine Jünger auch so ein Leben geführt." Hatte Jesus die Jünger nicht gewarnt? Die Füchse haben Höhlen und die Vögel Nester, hatte er ihnen gesagt, aber der Menschensohn hat nichts, wohin er sein Haupt legen kann.

Plötzlich spürte er wieder die Freude in sich, seine Brust weitete sich und das Herz schlug feurig. Ich bin wie der Mann, der alles verkauft, um einen einfachen Acker zu erwerben. Und ich werde den Schatz heben, der im Acker vergraben ist.

Mit neuem Mut machte er kehrt und klopfte an die Tür. Luca öffnete. Er erblasste, als er Franziskus sah.

„Wer ist es?", rief Samuele von drinnen.

Luca sagte: „Francesco. Oder was von ihm noch übrig ist."

„Darf ich reinkommen?" Franziskus lächelte.

Luca machte ihm Platz. Der Gesang verebbte, Julia ließ betreten die Schale mit Weintrauben sinken. Noch zupfte der Musiker die Saiten seiner Laute. Dann hörte auch er auf und es wurde still.

Er betrat das Haus.

„Junge, was ist bloß aus dir geworden", sagte Samuele.

„Ich bin glücklich. Wirklich!" Franziskus sah die Freunde an. „Auch wenn ich euch um die schöne Musik beneide."

„Bist du gekommen, um uns eine Bußpredigt zu halten?"

„Heute nicht. Ich wollte euch um eine milde Gabe für den Wiederaufbau von San Damiano bitten." Er wandte sich an die anderen Feiernden. „Euch alle."

Die Anwesenden nestelten Münzen heraus. Er wusste, wie das war: Man wollte den lästigen Bettler so rasch wie möglich loswerden, um weiterfeiern zu können. Obwohl ihm die Art, wie man ihm verärgert das Geld zusteckte, einen Stich versetzte, nahm er es entgegen und bedankte sich.

Dann wurde es doch zu absurd. „Ihr seht mich an, als sei ich ein Gespenst. Was ist, könnt ihr nicht mehr tanzen?" Er summte das Lied weiter, das sie bis eben noch gesungen hatten, und tanzte einige beschwingte Schritte.

„Ist schon gut“, sagte Luca. „Du musst das nicht machen. Wir kommen schon wieder in Stimmung. Es passt nicht mehr zu dir, Francesco. Du bist jetzt ein Heiliger.“

Er blieb stehen. „Macht nicht zu früh einen Heiligen aus mir“, sagte er. „Noch kann ich Kinder zeugen.“

Da musste Samuele lachen, und erleichtert fielen sie in das Lachen mit ein, erst Julia, dann Luca und die anderen.

„Ein schönes Fest euch, und danke für die Gaben!“ Er streckte die Hand mit den Münzen in die Höhe, nickte Luca und Samuele zu und verließ das Haus.

6

Obwohl man ihn bei seinen Straßenpredigten verspottete und für verrückt erklärte, gab es Menschen, die in ihm etwas sahen, das sie lange gesucht hatten. Sie waren gepackt von der Ernsthaftigkeit, die sie bei Franziskus erlebten, und von seiner Lebensfreude. Vor allem aber beeindruckte sie die Bedingungslosigkeit, mit der er sich Gott zur Verfügung stellte.

Einer der Ersten, die sich ihm anschlossen, war Bernardo di Quintavalle, ein wohlhabender Doktor des Rechts. Er ließ alles zurück, um ein Schüler und Bruder von Franziskus zu werden. Auch ein Priester namens Sylvester schloss sich ihnen an und ein Ritter aus Rieti, Tankred genannt.

Eine eigentümliche, abgerissene Schar waren sie und keineswegs immer einer Meinung. Das Betteln fiel den hohen Herren schwer. Wie sollten sie den Menschen, die sie um ein Stück Brot baten, erklären, weshalb sie erst Wochen zuvor ihren Besitz verschenkt hatten, und jetzt kamen sie und wollten Nahrung haben?

Franziskus blieb dabei: Wer sich ihm anschloss, musste auf jegliches Eigentum verzichten. Als nach einigen demütigenden Erlebnissen keiner seiner Schüler mehr bereit war, um Essensreste zu betteln, zog er allein los und klopfte an die Türen, wie er es immer getan hatte. Am Abend kehrte er mit genügend Essensresten zurück, um sie satt zu machen.

Dasselbe wiederholte sich am nächsten Tag. Endlich fassten die beschämten Brüder wieder Mut und versuchten es auch selbst.

Bald besserte sich die Stimmung. Sie zeigten sich abends gegenseitig ihre Ausbeute und verglichen sich lachend und wetteiferten, wer das beste Stück zur Mahlzeit beitrug.

Sie lebten in einem Steineichenwald nahe Assisi in selbst errichteten Hütten rings um eine kleine Kirche namens Portiuncula. Der Siedlungsflecken im Wald war ihnen von den Benediktinern von Subasio zur Verfügung gestellt worden. Weil sie sich in den Wald zurückgezogen hatten, erhielten sie von den Einwohnern Assisis den Spottnamen „die Waldmenschen".

Aber sie wurden nicht nur belächelt, für manche waren sie auch ein handfestes Ärgernis. Ihre bedingungslose Hingabe an Gott erschien vielen wie ein stummer Vorwurf und gab ihnen das Gefühl, sich rechtfertigen zu müssen. Glaubten sie nicht ebenfalls von Herzen und vertrauten auf die Erlösung durch Jesus Christus? Sie störten sich daran, dass Franziskus und seine Brüder ihre Frömmigkeit an die große Glocke hängten. Sie fühlten sich von ihren Predigten verletzt.

Außerdem: Wo sollte das hinführen, wenn jeder alles aufgab und in die Wälder ging? Wenn sie alle ihren Besitz verschenkten, wovon lebte man dann noch? Es würde niemanden mehr geben, den man anbetteln konnte!

Franziskus und die Brüder wollten auch mit ihrem Aussehen ein Zeichen setzen und entschieden sich für braune Kutten, die sie mit einem Strick umgürteten. Sie versuchten, ihre

Kritiker zu besänftigen, und warben für eine Umkehr zu Gott, die bei jedem anders aussehen müsse. Aber zu dieser Zeit wurde in Umbrien viel gepredigt. Die Waldenser redeten auf den Marktplätzen, die Humiliaten warben für ein einfaches Leben in der Nachfolge Christi, die Katharer predigten Heiligkeit.

Vor allem Letztere sorgten für Wirbel. Kurze Zeit war sogar ein Katharer Vorsteher von Assisi gewesen, als damals der Bann über die Stadt verhängt gewesen war. Sie nannten sich die Reinen, abgeleitet vom griechischen Wort „katharos", rein, und betrachteten den menschlichen Körper als ein Seelengefängnis. Allein die Seele galt bei ihnen als heilig, der Rest war verabscheuenswürdig und vom Widersacher Gottes erschaffen. Jesus Christus hielten die Katharer nicht für Gottes Sohn, den Weg in den Himmel musste man aus eigener Kraft schaffen. Sie verdienten sich einen Platz im Himmel, meinten sie, indem sie alle irdischen Bedürfnisse wie Essen, Schlafen und Sexualität ablehnten. Schwerkranke, die nicht mehr genügend Zeit hatten, durch ein vollkommenes Leben zu beweisen, dass sie würdig waren, den Himmel zu betreten, sollten sich zu Tode fasten. Die „Endura" nannten sie diesen letzten Willensakt.

Weil Franziskus ebenso wie die Katharer gegen den Luxus und die Vergnügungssucht anpredigte, wurde er mitunter mit ihnen in einen Topf geworfen. Und tatsächlich sagte er zu Anfang Dinge wie: „Der Leib ist der Teufel." Weil er als verwöhnter Kaufmannssohn aufgewachsen war, versuchte er, auf alles Irdische zu verzichten und den Freuden des Lebens zu entsagen. Er schlief auf dem nackten Boden, trug unter der

Kutte ein Gewand aus kratzender Wolle und mischte sich Asche unter das Essen, damit es nicht schmeckte.

Mitunter trug er, ebenso wie manche seiner Brüder, einen Stachelgürtel. Wurde er von sehnsüchtigen Gedanken gequält, sprang er in einen eiskalten Fluss oder geißelte sich. Er vernachlässigte seine Gesundheit so sehr, dass er vor Schwäche ständig krank war.

Als er wieder einmal seit Wochen hustete und seine Wangen blass und eingefallen waren, folgte ihm Bernardo in die Kirche. Die anderen aßen, nur Franziskus hatte auf seinen Anteil an den erbettelten Resten verzichtet.

„Ich mache mir über etwas Gedanken", sagte Bernardo behutsam.

„Worüber?"

„Die Katharer. Sie nehmen drei Tage in der Woche nur Wasser und Brot zu sich. Wenn sie sich an den anderen Tagen eine warme Mahlzeit kochen, dann verwenden sie besondere Gefäße, die niemand sonst benutzt, damit nicht versehentlich ein Rest von tierischem Fett daran klebt."

Franziskus sagte: „Du findest, wir leben zu verweichlicht, nicht wahr?"

„Nein. Ich denke über ihre Beweggründe nach. Sie sagen, alles Fleischliche sei böse. Deshalb essen sie kein Fleisch und kein tierisches Fett. Weil es durch Fortpflanzung entstanden ist."

„Machst du dir Gedanken über die Wollust? Quält dich ein Verlangen, das du nicht bezähmen kannst? Wir können gemeinsam beten, Jesus Christus wird dir Kraft geben."

Bernardo tat, als habe er das Gesagte nicht gehört. „Wir denken doch nicht wie die Katharer, sondern glauben, dass Gott die Welt geschaffen hat, oder?"

Franziskus nickte. „Natürlich. Er hat alles ins Leben gerufen."

„Gilt das dann nicht auch für den Körper mit all seinen Bedürfnissen?"

Franziskus dachte nach. „Die Ehelosigkeit wird von Paulus sehr gelobt. Wer auf eine Partnerin verzichtet, hat den Kopf frei für den Dienst für Gott, mehr als ein Verheirateter."

„Um die Ehe geht's mir nicht, sondern um den Körper. Ich mache mir Sorgen um dich, Franziskus. Warum bestrafst du deinen Körper dafür, dass er Hunger verspürt? Das Bedürfnis nach Nahrung ist doch etwas Gottgeschaffenes. ‚Unser täglich Brot gib uns heute', beten wir im Vaterunser. Und du willst es nicht essen."

Franziskus schwieg.

„Und warum verweigerst du dir den Schlaf", fragte Bernardo, „obwohl Gott die Nacht dunkel gemacht hat? Er wollte, dass wir nachts ausruhen."

Der Anführer der Bruderschaft starrte angestrengt ins Leere. Schließlich sagte er: „Du hast recht."

An diesem Abend warfen die Brüder alle Geißeln und Stachelgürtel auf einen Haufen und verbrannten sie, und Franziskus nannte fortan seinen Körper liebevoll „mein Bruder Leib", so wie er auch „mein Bruder Bernardo" oder „mein Bruder Tankred" sagte.

Er blieb weiterhin so schmächtig wie eh und je. Aber er kümmerte sich geduldig um seinen Leib, aß regelmäßiger und schlief genug und wusch sich. Wenn er weit gewandert war, ruhte er sich anschließend aus.

Nicht alle Brüder folgten seinem Beispiel. Zu tief saß die Angst vor den Verführungskünsten des Körpers. Sylvester erlegte sich weiterhin das Hungern auf. Als er sich einmal wegen seines knurrenden Magens unruhig auf dem Bettlager hin und her wälzte und schließlich aufstand und nach draußen ging, erhob sich Franziskus ebenfalls. Aus dem Brotbeutel, in dem sie die Reste aufzubewahren pflegten, holte er zwei Stücke Brot und träufelte etwas Olivenöl darauf. Dann ging er hinaus in den Mondschein zum hungrigen Bruder. „Ich esse etwas", sagte er und biss vom Brot ab. „Möchtest du auch?"

Dankbar nahm Sylvester das Brot entgegen und aß. Anschließend legte er sich schlafen und konnte Ruhe finden.

7

Die Sonne gewann an Kraft. Der umbrische Winter war vorüber. Erste Blüten zeigten sich an den Weidenbäumen und die Bienen flogen wieder. Sie kletterten in die Blütenkätzchen der Weiden und waren bald von Kopf bis Fuß gelb bestäubt. Bei einer Rast auf der Reise durch das Spoleto-Tal stand Franziskus vor den herabhängenden Zweigen einer alten Weide und freute sich daran, dass Bienen und Hummeln sich dasselbe Blütenkätzchen teilten, ohne sich zu streiten. Das friedliche Nebeneinanderherkrabbeln war ein schöner Anblick.

Zu Hause in Portiuncula hatte er die Bienen im Winter aus Mitleid mit Honig gefüttert, was ihm eine Rüge von Tankred eingebracht hatte, der gern Honig aß. „Sollen wir sie verhungern lassen?“, hatte er sich gegen Tankreds Vorwürfe gewehrt. „Auch die Bienen hat Gott liebevoll geschaffen, sie sind Teil der Schöpfung wie wir!“

Dass jetzt die Bienen wieder flogen und Futter für ihre Brut sammelten, beruhigte ihn. Zu Hause in Portiuncula würde es nicht anders sein. Sobald das Spoleto-Tal hinter ihnen lag und sie heimgekehrt waren, würde er nachsehen, ob auch dort die Bienenvölker überlebt hatten. Das Schwerste lag hinter ihnen.

In den Zweigen einer Erle saß ein Gimpel. Er plusterte seinen roten Bauch auf und pfiff unter Schwanzzucken sein hübsches Lied. Mit knarrenden Lauten unterbrach er es, um es dann noch heller und freudiger fortzusetzen. Der Vogel war kaum mehr als eine Handvoll Knochen und Federn, ein starker Wind würde ihn wegblasen. Aber er sang fröhlich und ohne Furcht.

Eine Dohle flog vorüber. Ein paar Schritte entfernt in einer Steineiche begannen zwei Spatzen einen lauten Streit. Seit der Schöpfung bevölkerten die Vögel die Zweige der Bäume. Gott selbst hatte jeder Art das Lied beigebracht, das sie sang.

Franziskus fasste einen Entschluss. Er ging zurück zu den Brüdern, die auf einer Lichtung rasteten, und sagte: „Kommt bitte mit mir. Ich möchte euch etwas zeigen."

Sie erhoben sich, auch wenn sie nicht begeistert davon waren, die Rast zu unterbrechen, und folgten ihm zum Weidenbaum. Er wollte gerade ansetzen, ihnen die Bienen zu zeigen und die Vögel, um auf Gottes zärtliche Schöpferkraft hinzuweisen, da hielt er inne, weil ihm noch etwas Besseres einfiel. Er würde die Brüder ein wenig verblüffen. Eine Überraschung half oft dabei, die Aufmerksamkeit der Zuhörer zu gewinnen.

Zu Weihnachten hatte das wunderbar geklappt. Er hatte für den Weihnachtsgottesdienst in Greccio nicht nur eine Krippe bauen und mit Stroh auspolstern lassen, sondern auch zwei lebendige Ochsen und einen Esel herangeschafft. Als die Männer und Frauen der Umgebung mit Kerzen und Fackeln zur Kirche kamen, fanden sie sich förmlich nach Betlehem versetzt. Die Mitglieder der Bruderschaft sangen ein fröhliches Lied und anschließend predigte er neben den Ochsen über das Kind in der Krippe. Er war sicher, nicht nur die Kinder und Jugendlichen hatten ihm besonders gut zugehört, auch die Erwachsenen konnten sich nun viel besser vorstellen, in welcher Armut Jesus auf diese Welt gekommen war.

Er spähte in die Bäume hinauf. Ein Blaumeisenpärchen war hinzugekommen, es pickte an den Knospen herum. Der Gimpel putzte sein Gefieder. Anstatt sich den Brüdern zuzuwenden und etwas zu erklären, wandte sich Franziskus den Vögeln zu.

„Meine Brüder Vögel“, sagte er, „wie sehr liebt euch Gott! Er gibt euch Federn als Gewand und Flügel zum Fliegen. Jeden Tag versorgt er euch mit dem Nötigen. Er hat euch am Himmel einen schönen Lebensraum geschaffen. Ihr sät nicht und erntet nicht, und das müsst ihr auch nicht, denn Gott beschützt euch und sorgt für euch, ihr braucht euch um nichts zu kümmern. Deshalb macht euch keine Sorgen um den nächsten Tag. Ihr dürft am Morgen erwachen und den Sonnenschein mit fröhlichem Gesang begrüßen. Lobt den Herrn! Ja, singt und lobt den Herrn!“ Er segnete sie und machte das Zeichen des Kreuzes über ihnen.

Die Spatzen zwitscherten fröhlich zu seinen Worten. Auch der Gimpel setzte wieder an zu singen.

Franziskus drehte sich zu seinen Gefährten um.

Sie sahen ihn entgeistert an. Bernardo fragte: „Hast du gerade mit den Vögeln gesprochen?“

„Warum nicht? Wenn wir ihre Farbenpracht und ihren Gesang bewundern, staunen wir damit auch über den Schöpfer, der alles, was lebt, erdacht hat.“

„Staunen ist ja in Ordnung. Aber du hast ... ihnen gerade eine Predigt gehalten.“

„Wir beschäftigen uns viel zu wenig mit dem Schönen", sagte Franziskus. „Durch das Schöne können wir den Schönsten sehen. Wir trinken alle aus seiner Leben spendenden Quelle. Seht euch genau um! Übt das Staunen wie die Kinder! Es enthüllt euch Geheimnisse."

Sie gaben sich Mühe und bewunderten den hübschen roten Bauch des Gimpels und das schillernde Gefieder einer Dohle. Tatsächlich fanden sie immer mehr Freude daran, die Schönheit ihrer Umgebung zu entdecken. Auch als sie längst weiterwanderten, entdeckten die Brüder kleine Zeichen von Gottes Erfindungsreichtum.

„Wie sanft sich die hübsche Aue den Hügel hinunterwellt", sagte Silvester einmal.

Tankred vermeldete: „Der Wind rauscht in den Blättern dieser Pappeln, hört ihr das?"

„Lobe den Herrn, Bruder Wind!", rief Franziskus. Er tanzte fröhlich dazu. „Lobt den Herrn, ihr Steine! Lobt den Herrn, ihr Wolken!" Beglückt sah er zum Himmel hinauf. Indem er sich bewusst machte, dass er Teil von Gottes Schöpfung war, sah er noch deutlicher die Spuren des Schöpfers und fühlte sich ihm näher.

Bernardo kauerte sich auf den Weg nieder.

„Was ist?", fragte Franziskus.

Ein Regenwurm wand sich auf dem Weg. Er kringelte sich, als leide er Schmerzen. Vielleicht hatte ein Vogel ihn aus dem Schnabel verloren. Bernardo las ihn auf. Behutsam setzte er ihn ins Gras neben dem Weg. „Sonst wird er noch von jemandem zertreten", sagte er.

„Sehr gut", sagte Franziskus. „Das dürfen wir nicht vergessen: Gottes Liebe ist so groß, dass sie noch den letzten Grashalm und den letzten kleinen Wurm mit einschließt."

Die Brüder behielten diese besondere Aufmerksamkeit und Verbundenheit mit der Schöpfung in ihrem Herzen. Gab es einen herrlichen Sternenhimmel zu bestaunen oder das kühle Wasser einer Quelle zu trinken, dann ermutigte sie Franziskus, Gott zu loben.

Wurde von der Bruderschaft ein Baum gefällt, um Holz für Bauarbeiten zu gewinnen, ermahnte er die Brüder, ihn nicht ganz unten abzuhauen, damit er vielleicht wieder zu sprossen anfangen konnte.

Standen auf einer Wiese schöne Blumen, sprach er zu ihnen und erfreute sich an ihrer Farbenpracht. Einmal begleitete ihn sogar ein Lämmchen in die Kirche, und er hinderte es nicht daran, sondern streichelte ihm den Kopf und nahm es als Bild für das, was Jesus für die Menschen getan hatte. Mit eigenen Worten erzählte er das Gleichnis vom Hirten, der die neunundneunzig Schafe in der Hürde zurücklässt, um das eine verlorene Schaf zu suchen.

Dass sich überall herumsprach, er rede mit Steinen und Vögeln, und sich erneut Spott über ihn und seine Schüler ergoss, störte ihn nicht. Er war ein glücklicher Wanderer, der seine Freude an der Welt hatte.

8

Franziskus fegte eine kleine Dorfkirche, um sie für den Gottesdienst am Sonntag vorzubereiten. Als er das Portal öffnete und Staub und Schmutz nach draußen kehrte, sprach ihn ein junger Mann an. „Bist du Franziskus aus Assisi?"

„Der bin ich."

Der Bursche packte den Besen und entriss ihn Franziskus. Breit grinsend fegte er den Schmutz fort.

Franziskus stammelte: „Ich ... ich war fast fertig. Den Rest hätte ich auch noch geschafft."

„Ich helfe dir!", sagte der Mann. Er stellte den Besen an die Kirchenwand und sah ihn fragend an. „Was tun wir jetzt?"

„Du willst mir helfen? Ich könnte eine Leiter gebrauchen. Ich wollte die Spinnweben entfernen."

Der Mann rannte davon. Wie ein kleiner Junge spurtete er die Straße hinunter. Nach kurzer Zeit kehrte er im Laufschritt zurück, eine Leiter über der Schulter. „Hier ist sie", keuchte er, „unsere Leiter."

Franziskus bedankte sich, aber als er die Leiter nehmen wollte, um sie ins Kircheninnere zu tragen, gab der Mann sie nicht her.

„Ich mach das!", sagte er und trug die Leiter hinein. „Und jetzt?", fragte er, kaum, dass sie drinnen waren.

„Lehne sie da an die Wand", sagte Franziskus.

Der Mann gehorchte. Franziskus kletterte nach oben und angelte mit dem Besen nach den Spinnweben. „Wie heißt du?“, fragte er.

„Giovanni.“

„Danke für deine Hilfe, Giovanni.“

„Gerne!“ Der Mann strahlte. Dann sagte er: „Ich hab gehört, dass du mit den Tieren redest. Das finde ich gut. Darf ich mit dir ziehen?“

„Ich rede häufiger mit den Menschen. Und wer mit mir ziehen will, muss alles hergeben, was er hat. Wir Brüder besitzen nichts.“

„Alles?“, fragte Giovanni mit einem betrübten Gesichtsausdruck.

„Ja, alles.“

Giovanni schwieg eine Weile. Dann trottete er aus der Kirche.

Wo bringe ich nur die Leiter hin, wenn er nicht wiederkommt?, dachte Franziskus. Er stellte die Leiter in die nächste Ecke und entfernte auch dort die Spinnweben, dann rückte er zur dritten und anschließend zur vierten Ecke vor. Als er wieder hinuntergestiegen war und gerade überlegte, wohin er die Leiter räumen sollte, vernahm er ein furchterregendes Brüllen.

Sofort musste er an die Stierkämpfe von Assisi denken. Er ließ die Leiter los und hechtete hinter eine nahe gelegene Säule, um sich vor den Hörnern des wilden Stiers zu retten. So schnaubte nur ein Tier auf der Erde, und er kannte sein Schnauben gut. Er spähte hinter der Säule hervor und sah

Giovanni, der am Strick einen Ochsen hinter sich herzog. Widerwillig folgte ihm das Tier in die Kirche, es verdrehte dabei ärgerlich die Augen.

„Was tust du da?“ Franziskus starrte abwechselnd Giovanni und den Ochsen an.

Giovanni führte ihn den Mittelgang entlang. „Alles hergeben. Vater ist letztes Jahr gestorben und ich bin der Älteste. Darum gehört Luigi mir.“

„Luigi ist der Ochse?“

„Darf ich jetzt mit dir ziehen?“, fragte Giovanni.

„Erst einmal bringen wir das Tier aus der Kirche.“ Wieso setzte sich ein einfältiger Kerl wie Giovanni nur in den Kopf, unbedingt Mitglied seiner Bruderschaft werden zu müssen? Im gleichen Augenblick schämte er sich für den Gedanken. Gott wählte oft Menschen aus, die von ihren Fähigkeiten her gar nicht zu passen schienen. Mose stotterte und musste doch vor dem Pharao reden, Gideon war feige und sollte das Heer seines Volkes anführen, David war klein von Wuchs, löste aber einen stattlichen, groß gewachsenen König ab.

Vor der Kirche wartete eine Familie. Alle hatten verheulte Gesichter – die fünf halbwüchsigen Jungen, die vier Mädchen und eine ältere Frau. Sie sahen ihn vorwurfsvoll an. „Wie sollen wir ohne Luigi den Acker bearbeiten?“, sagte die Frau.

Dass sie Giovanni verlor, schien sie weniger zu stören. Da musste Franziskus lachen. „Den könnt ihr behalten. Ich nehme nur Giovanni mit.“

Giovanni führte vor Freude einen kleinen Tanz auf der Straße auf. „Ich geh mit Franziskus!“

Auch die Familie freute sich und nahm den Ochsen wieder in Empfang. „Willst du nicht bei uns einkehren und mit uns essen?“, fragte die Witwe Franziskus. „Das ist doch das Mindeste, das wir für dich tun können.“

Er sagte zu. Gemeinsam zogen sie zum kleinen Haus der Familie. Sie kamen nur langsam voran. Immer wieder traten Nachbarn aus ihren Häusern und klopften der älteren Frau auf die Schulter, um sie zu beglückwünschen. Beim Essen bemerkte Franziskus, dass Giovanni jede seiner Bewegungen nachahmte: Führte er den Löffel zum Mund, tat es auch Giovanni, blies er auf die Suppe, um sie abzukühlen, pustete auch Giovanni auf seine Suppe. Stützte er den Arm ab, tat Giovanni dasselbe. Voller Liebe sah er Franziskus an.

Das gibt sich, dachte Franziskus.

Nachdem sie sich von der Familie verabschiedet hatten – das kleinste Mädchen umarmte Giovanni besonders herzlich, es wollte seine Beine erst wieder loslassen, als er versprach, regelmäßig zu Besuch zu kommen –, zogen sie gemeinsam die Straße Richtung Steineichenwald hinab. Giovanni wollte Franziskus’ Wanderstab mit anfassen. „Das geht nicht, Giovanni“, sagte er. „Man kann nicht zu zweit mit einem Stab laufen.“ Aber der Kerl ließ nicht los.

Schließlich gab er ihm den Stab. „Ich schenke ihn dir“, stöhnte er. „Du kannst ihn haben.“ Eigentlich hatte er den Stab sehr gemocht. Er begleitete ihn seit Monaten auf seinen Reisen, Franziskus hatte sich an ihn gewöhnt.

Sie begegneten einem Spielzeugmacher, der mit seiner Ware von Ort zu Ort zog. Giovanni geriet völlig aus dem Häuschen.

Er musste jedes Spielzeug ausprobieren. Selbst die Rasseln nahm er in die Hand, die Puppen, die Tonfiguren. Er hüpfte mit einem Steckenpferd über die Straße. Er kämpfte mit einem Holzschwert gegen den Karren des Spielzeugmachers an. Als der Spielzeugmacher begriff, dass sie nichts kaufen würden, packte er die Sachen wieder ein, und Giovanni verzog verdrießlich den Mund.

Einen Moment lang hoffte Franziskus, Giovanni würde nun mit dem Spielzeugmacher weiterziehen wollen, aber Giovanni schluckte seinen Frust doch hinunter und folgte weiterhin Franziskus.

Die nächsten Wochen wurden eine Tortur. Es war, als würde Franziskus von einem kleinen Affen verfolgt, der nicht aufhören konnte, ihn zu imitieren. Kniete er sich hin, um zu beten, dann kniete sich Giovanni neben ihn und betete ebenfalls. Redete er, sprach Giovanni alle Worte nach. Ging er schlafen, sagte Giovanni: „Ich gehe auch schlafen." Wollte er einmal allein sein, sagte Giovanni: „Ich komme mit." Er liebte Franziskus wie ein Hund sein Herrchen.

Nicht eine Stunde konnte er allein verbringen. Nur einmal hatte er einen Nachmittag lang Ruhe, als ein Vogelfänger den Steineichenwald besuchte und mit Netzen und Klemmfallen Jagd auf Singvögel machte. Dieser Versuchung konnte Giovanni nicht widerstehen. Er schlich mit dem Vogelfänger durch das Unterholz und war fasziniert von den langen Stäben, die der Vogler durch einen Seilzug zusammenfahren ließ. Giovanni half ihm, Leim auf die Zweige der Büsche zu streichen, damit die Vögel mit ihren Beinen oder dem Gefieder daran hängen blieben, und fütterte den Lockvogel im Käfig mit Körnern.

Für gewöhnlich duldete Franziskus keine Vogelfänger im Steineichenwald, aber dieses Mal diskutierte er nicht mit dem Mann, er war froh, den Nachmittag für sich zu haben. Allzu rasch ging der Tag zu Ende und Franziskus hatte seinen Schatten wieder. Giovanni wollte sogar vom selben Stück Brot abbeißen, das Franziskus zum Mund führte.

Er stellte Giovanni zur Rede. „So geht das nicht weiter", sagte er. „Du kannst nicht alles nachäffen, was ich mache."

„Aber ich möchte lernen, so wie du zu sein", sagte Giovanni.

„Das brauchst du nicht. Du bist in Ordnung, wie du bist."

Giovanni stutzte. „Wirklich?"

„Hätte Gott dich sonst so gemacht? Er braucht keinen zweiten Franziskus, er braucht einen Giovanni."

Von diesem Tag an wurde es schlagartig besser. Giovanni half in der Bruderschaft mit, er verrichtete schweißtreibende Aufgaben, ohne zu murren. „Ich bin glücklich", sagte er oft. „Hier gehöre ich hin."

9

Wie der Blitz schlug in Assisi die Nachricht ein, dass der Papst die verrückte Bruderschaft des Francesco Bernardone offiziell anerkannte. Dieser wilde Haufen von Landstreicherbrüdern, diese Rasselbande der Tierflüsterer, der Bettler, der Geldverächter, die Spinner in ihren braunen Kutten, die nicht einmal Schuhe besaßen – sie hatten jetzt den Segen von ganz oben? Manche meinten, der Papst müsse übergeschnappt sein, den Tuchhändlersohn und seine Brüder als Mönchsorden zu beglaubigen.

Andere sagten, Francescos Predigten seien ihnen in den letzten Jahren oft sehr nahegegangen. Zudem gab es inzwischen Hunderte dieser Franziskusbrüder, die an verschiedenen Orten lebten und mit ihren Predigten ganze Landstriche beeinflussten. War es nicht möglich, dass Gott den jungen Taugenichts zu etwas Besonderem berufen hatte? Wer gab schon freiwillig Reichtum und fröhliche Festgelage auf, um in staubiger Kutte über die Landstraßen zu ziehen und von Essensresten zu leben? Wer pflegte freiwillig die Aussätzigen und kümmerte sich um die Armen?

Man beschloss, Franziskus zur Predigt in die Stadt einzuladen. Er hatte bereits oft auf der Piazza del Comune gepredigt, aber nie in einer Kirche. Da wegen der Nachricht aus Rom damit zu rechnen war, dass viele ihn würden hören wollen, entschloss man sich, ihn in die Kathedrale zu bitten. Er sollte in San Rufino predigen.

Hier war er selbst als Kind getauft worden, damals noch die ganze Hoffnung seiner Eltern, der Spross einer reichen Familie, der eines Tages ihren Reichtum hatte mehren sollen. In San Rufino war vor fünfzehn Jahren auch Friedrich II. getauft worden, der in Jesi geborene Sohn Kaiser Heinrichs VI., inzwischen trotz seiner jungen Jahre König von Sizilien.

Unter den Mauern der Kirche befanden sich die Überreste eines Gaia-Tempels, in heidnischen Zeiten der Mutter Erde gewidmet. Heute wollte ganz Assisi dort den Mann hören, dessen Verständnis des christlichen Evangeliums sie in den letzten Jahren so oft vor den Kopf gestoßen hatte.

Würde er sie mit seiner Predigt anklagen und sich durch zornige Drohungen dafür rächen, dass sie ihn so oft verspottet hatten? Oder würde er einen weiteren moralischen Appell an sie richten, wie er so oft in diesen Tagen von Wanderpredigern zu hören war?

Sie gafften ihn an, als er nach vorn trat – den jungen Mann, der noch vor ein paar Jahren seine Feste in der Stadt gefeiert und die Nacht zum Tag gemacht hatte, den jungen Mann, der immer der Erste gewesen war beim Tanzen und Küssen und Saufen.

Gott hatte sein Leben auf den Kopf gestellt, er war in die Wälder gegangen und anders geworden, und jetzt war dieses eigenartige innere Leuchten da, diese ansteckende Freude, die Begeisterung für Gott. Franziskus sagte: „Ihr seht mich an und denkt an den Tuchhändler, der euch Samt und feinen

Wollstoff und Seide verkauft hat. Ihr seht in der Erinnerung den Schönling, der mit den Töchtern Assisis durch die Straßen getanzt ist. Doch Gott hat mich gerufen, er hat mich herausgerissen, mich geholt. Gott hat schon mehrfach solche Wunder vollbracht: Aus dem Hirtenjungen David machte er den Hirten seines Volkes, aus dem Fischer Petrus einen Menschenfischer. Mich, den Kaufmann, hat er ausgewählt, um die Perle zu kaufen, damit ich um Christi willen alles dahingebe."

Es wurde still in der überfüllten Kirche. Sie lauschten seinen Worten, skeptisch die einen, fasziniert die anderen.

„Ich bin gefragt worden, ob die Mitglieder unserer Bruderschaft weiterhin die Heilige Schrift studieren. Ja, antworte ich, das tun sie. Priester sind unter uns, sogar ein Doktor des Rechts. Aber wir folgen dem Beispiel Christi und beten mehr, als dass wir lesen. Das sollten wir alle tun! Nicht bloß studieren, um am Ende mehr zu wissen, sondern das Gelernte ausführen und unser Leben umgestalten, damit es ein Ausdruck unserer Wanderschaft mit Jesus wird."

Die Mutter saß dort drüben und sein Bruder Angelo. Der Vater war nicht gekommen. Er war immer noch zornig auf ihn und verstand nicht, wie aus seinem Sohn so einer hatte werden können.

„Ihr liegt mir am Herzen. Bitte passt auf, dass ihr nicht durch die Sucht nach Vergnügen, Wein und Lust gefesselt werdet, so wie ich früher. Lasst euch auch nicht von den Sorgen des Alltags lähmen. Statt nach mehr Geld zu streben, öffnet euer Herz für andere. Das ist das Höchste hier auf Erden: Gott und die Mitmenschen leidenschaftlich zu lieben."

Die Zuhörer kauten auf den Lippen. Natürlich drehten sich ihre Gedanken Tag für Tag um ihre Sorgen. Keiner hatte Zeit, so intensiv mit Gott im Gespräch zu sein wie Franziskus. Und wäre es bloß das gewesen! Auch ihre Fehler nagten an ihnen. Einer hatte seine Frau betrogen. Der andere die Gewichte gefälscht, um auf dem Marktplatz mehr Gewinn zu machen.

Franziskus rief: „Aber das ist doch kein Grund, so betrübt dreinzuschauen! Habt ihr Gott beleidigt, dann bittet ihn, dass er euch in seiner Barmherzigkeit vergebe. Er wird es ohne zu zögern tun. Gönnt eurem Herzen die Freude über die Gnade Gottes! Die verrückte, die atemberaubende Botschaft ist: Jesus Christus hat am Kreuz die ganze Welt erlöst. Jeden, der frei sein möchte, macht er frei."

Da war etwas an der Art, wie er redete, das seine Predigt von den üblichen Sonntagspredigten unterschied. Man spürte, dass er unerschütterlich von dem überzeugt war, was er sagte, und dass ihm die Zuhörer tatsächlich am Herzen lagen. Er war ganz offensichtlich der Meinung, ihnen das Wichtigste zu sagen, das sie je im Leben hören würden.

Franziskus schwieg eine Weile. Er merkte, dass ihm die Tränen über die Wangen liefen. „Gott ist in uns verliebt", sagte er. „Versteht ihr? Er ist in jeden von uns verliebt!"

Etliche Frauen fingen ebenfalls zu weinen an, und auch bei den Männern flossen die Tränen, weil ihnen ihr Egoismus und ihre Ehebruchgedanken bewusst wurden und Gottes gnädige Vergebung.

„Morgen beginnt wieder das Tagewerk für jeden von uns", sagte Franziskus. „Aber denkt daran: Wer hastig isst, verschluckt sich. Wir müssen unseren Körper mit Muße füttern. Wenn das schon auf den Leib zutrifft, der doch eines Tages die Speise der Würmer werden wird, mit welcher Ruhe muss dann erst die Seele das Brot des Lebens nehmen! Pflegt euer geistliches Leben genauso wie euer irdisches, denn diese Liebe von Gott ist das Kostbarste, was wir haben."

Nach dem Ende des Gottesdienstes kamen Hunderte, um ihm zu danken. Sie schüttelten seine Hand und berührten seine Kutte, als besäße sie heilende Kräfte. Ein Stück abseits sah Franziskus Angelo stehen. Ihm war das Spektakel sichtlich unangenehm. Franziskus schüttelte noch einige Hände, dann entschuldigte er sich und trat zu seinem Bruder. „Gehen wir ein Stück?", fragte er ihn.

Angelo begleitete ihn hinaus aus der Stadt. Als sie das Stadttor hinter sich gelassen hatten, waren sie endlich allein.

„Was denkst du?", fragte Franziskus. „Du siehst unglücklich aus."

Angelo brummte etwas. Er schien noch die richtigen Worte zu suchen. Schließlich blieb er stehen und sah Franziskus geradewegs in die Augen. „Deine Schüler arbeiten bei den Bauern", sagte er, „sie machen Heu und helfen bei der Ernte. Zum Lohn nehmen sie einen Sack Korn mit, manchmal auch ein paar Hühner, was immer der Bauer ihnen gibt. Warum lehnt ihr es dann ab, Geld als Lohn zu nehmen, als wäre das Geld das Schrecklichste auf der Welt? Was ist der Unterschied zwischen einem Sack Korn und einem Lohn, der in Münzen ausgezahlt wird? Die Geldwirtschaft wird weiter an Bedeutung gewinnen, das weißt du so gut wie ich. Eines Tages wird es

Du verspottest ihren Hunger und ihr Leiden, indem du dich freiwillig in die Not stürzt, obwohl du eigentlich wohlhabend warst."

„Du tust mir unrecht, Angelo. Ich habe nie ein Loblied auf die Not gesungen. Wer in Not ist, dem muss sofort geholfen werden, und das tun wir auch. Vieles von dem, was wir geschenkt bekommen, schenken wir an die Armen weiter. Ich weiß genau, dass sie es dringend brauchen. Was ich lobe, ist nicht die Not, sondern die Armut. Ein Habenichts zu sein bedeutet, dass man von keinem Besitz gefesselt wird. Ich bin frei, Bruder, freier, als es ein König sein kann."

„In deiner Vorstellung vielleicht."

„Ich bin der Älteste, ich hätte Vaters Tuchgeschäft geerbt. Vielleicht bist du mir böse, dass die Last auf dich gefallen ist."

„Niemand ist böse, weil er etwas erbt. Ich möchte nur ... Ich würde dich gern verstehen, Francesco! Was hat diese ganze Armutssache mit dem Glauben an Gott zu tun? Du könntest doch genauso gut Landstreicher sein."

„Ich gehe den Weg, den Jesus gegangen ist. Wer an ihn glaubt, wer aufrichtig glaubt, lebt anders. Jesus hätte die Menschen dazu zwingen können, ihm nachzufolgen, denn er ist mächtiger als alle Könige. Aber er hat sich für den Weg der Demut entschieden, er wurde arm, nackt und schwach in einem Stall geboren, und am Schandpfahl zwischen Verbrechern ist er gestorben. Jesus wollte nicht herrschen. Er hat die Menschen auf sanfte Weise zu sich gerufen, und er hat Frieden gestiftet, wo er Krieg hätte führen können."

10

Am Tag nach seinem dreißigsten Geburtstag befiel Franziskus eine große Traurigkeit. Kindische Gedanken raubten ihm den Seelenfrieden: dass er nie mehr ein Pferd reiten würde. Dass er nie wieder mit einem gut gefüllten Geldbeutel über den Markt spazieren und sich kaufen würde, worauf er Lust hatte.

Er war entsetzt über sein tückisches Herz. Dreimal tauchte er sich im eiskalten Flusswasser unter und blieb anschließend so lange im Fluss stehen, bis er seine Beine kaum noch spüren konnte. Dann stieg er heraus, trocknete sich ab und zog die Kutte an. Er sagte den Brüdern, dass er einen längeren Spaziergang machen wolle, allein.

Ohne Wegzehrung, nur mit dem Stab in der Hand, machte er sich auf den Weg. Lag es am Geburtstag, dass er das Gefühl hatte, das Leben würde ihm wie ein Stück Butter zerlaufen?

Er hatte diese Empfindungen nicht erwartet. Und er wollte sich nicht davor fürchten, etwas zu verpassen. Vertraute er denn nicht darauf, dass Gott ihm in der Ewigkeit alles schenken würde? Warum tat es ihm dann so weh, dass sein Leben ihm durch die Finger rann?

Am Feldrand hing eine Krähe im Baum. Die Füße waren an einem Strick festgeknotet und der schwarz gefiederte Körper baumelte zwischen den weißen Ästen einer kahlen Buche. Die Flügel hingen an den Seiten herab, der Wind spielte damit.

Der dicke Schnabel war ein wenig geöffnet. Es kam Franziskus vor, als riefe die Krähe eine stumme Klage ins Land, als wehre sie sich noch im Tod gegen ihren Mörder. Die Bauern vertrieben so die Krähenschwärme, die krächzend über alles Essbare herfielen.

Es war nicht das erste Mal, dass er eine aufgehängte Krähe sah. Heute aber fuhr ihm der Anblick des Vogels tief ins Mark. Auch ich bin eines Tages tot, dachte er. Habe ich genug Schönes erlebt? Bin ich glücklich gewesen?

Er würde nicht heiraten. Keine Frau haben, die Pflaumen zu Mus einkochte und dabei ein fröhliches Lied summte. So gern würde er in der Tür stehen und sie dabei beobachten, und wenn sie ihn dann bemerkte, würde er lachen und ihr ein liebevolles Kompliment machen. Für ihn gab es keine Frau, die ihn am Abend küsste und ihm etwas Nettes ins Ohr flüsterte. Er würde nie erfahren, wie es sich anfühlte, mit einem Menschen ganz und gar vertraut zu sein, die Gedanken, die Sorgen, die Freuden des anderen zu kennen.

Ich werde nie ein eigenes Kind auf dem Schoß haben, dachte er wehmütig. Ich bringe niemandem das Laufen bei, fertige für niemanden eine Puppe oder ein Holzschwert. Ich werde keine Tür schließen und wissen, in diesem Haus belangt mich keiner, es gehört mir, es ist mein Zuhause.

Warum mutest du mir das zu, Gott?, betete er. Kann ich nicht leben wie jeder andere? Du hast mich auf diesen Weg geführt. Dann nimm mir bitte auch das Verlangen nach einer eigenen Familie, das Verlangen nach Bequemlichkeit und einem Zuhause.

Er sah erneut zur Krähe hinauf. Half der tote Vogel tatsächlich, die Schwärme fernzuhalten? Manches, was die Bauern taten, war nur Aberglauben. Sie besprengten ihr Vieh mit Weihwasser, um es vor den Wölfen zu schützen. Sie standen auf dem Markt beim Quacksalber Schlange. Der Kerl stellte zwei Holzböcke auf, legte Bretter darüber und platzierte obenauf einen Stuhl. Auf den musste sich der Kranke setzen. Während der Quacksalber ihn untersuchte, redete er laut und erklärte den Zuhörern, was er machte. Das Ganze war mehr Schaustellerei als wirkliche Heilkunst. Erst kürzlich hatte ein Quacksalber in Assisi einem Mann, der unter Kopfschmerzen litt, weisgemacht, er habe Würmer im Kopf. Das Publikum hatte erschreckt aufgeseufzt, und dann nahm der Heiler einen langen Draht mit Schlinge und steckte ihn dem Kranken in die Nase. Er bog dessen Kopf immer weiter nach hinten und angelte mit dem Draht nach den Würmern, bis er ihm schließlich einen Wurm aus der Nase zog. Die Zuschauer jubelten, der arme Mann nieste, und auf die Frage, ob die Kopfschmerzen weg seien, nickte er hastig und stieg vom Podest, nachdem er den Heiler bezahlt hatte. Ein Taschenspielertrick war das gewesen, nichts weiter.

Wurde ein Bauer von seiner Frau verlassen, brachte er ein Stück von ihrem Gewand zum Müller und ließ es vom Mahlstein zerreiben. Die Menschen glaubten, davon bekomme die Frau Angst.

Und ich, dachte er, bin ich etwa besser? Jesus hat seinen Jüngern nicht versprochen, dass sie ein friedliches, bequemes Leben führen werden. Er hat deutlich gesagt, dass es Zwist mit ihren Familien geben wird. Dass sie mitunter kein Dach über dem Kopf haben werden. Dass sie von den Leuten Spott oder sogar Gewalt werden erleiden müssen.

Aber sein Herz ließ sich nicht trösten. Es hing ihm schwer in der Brust, und Gott schwieg. Die bedrückenden Gefühle blieben.

Er sagte im Gehen Bibelverse auf. „Wenn das Weizenkorn nicht in die Erde fällt und stirbt, so bleibt's allein; wenn es aber stirbt, so bringt es viel Frucht." Wollte er das nicht – viel Frucht bringen? Jesus hatte gesagt: „Nehmt auf euch mein Joch und lernt von mir, denn ich bin sanftmütig und von Herzen demütig. So werdet ihr Ruhe finden für eure Seelen. Denn mein Joch ist sanft, und meine Last ist leicht."

Die Sonne ging unter wie ein glühendes Stück Eisen, das der Schmied im Feuer erhitzt hatte. Franziskus dachte: Vielleicht sollte ich's mit Humor nehmen. Mir bleibt jeglicher Ehekrach erspart. Ist das nichts?

Die Nachbarin hatte einmal vor Wut den Nachttopf über dem Kopf ihres Mannes entleert. Wochenlang war es in der ganzen Straße das Gesprächsthema gewesen. Auch Franziskus und sein Bruder hatten sich nicht halten können vor Lachen.

Er erreichte den Steineichenwald von Portiuncula erst in der Nacht. Zwei Brüder, die voller Sorge wach geblieben waren, beruhigte er und hieß sie, schlafen zu gehen. Der Anblick der Hütten seiner Bruderschaft beruhigte ihn. Hier wurde er gebraucht.

Im Sternenschein ging er zur kleinen Kirche. Er betrat sie, entzündete ein Talglicht und setzte sich auf eine Bank.

Guter Gott, betete er, morgen wäre ich gern wieder der alte. Ich möchte mit Leidenschaft an dieser Bruderschaft bauen. Ich möchte den Menschen der Region vor Augen führen, dass Besitz nicht alles ist. Hilfst du mir dabei?

Es klopfte leise.

War Bruder Tankred immer noch nicht beruhigt? Er hatte ihm doch gesagt, er solle sich schlafen legen.

Die Kirchentür öffnete sich. Eine vermummte Gestalt betrat den Raum und schloss die Tür hinter sich. Sie kam mit zögerlichen, lautlosen Schritten näher. Eine schmale Hand streifte das Tuch vom Kopf.

Franziskus stockte der Atem.

Das flackernde Licht der Talgkerze beschien das Gesicht eines Mädchens. Grüne Augen funkelten inmitten zarter Haut von nobler Blässe, die Lippen waren voll und rot, die Ohren klein. In herrlichen Locken fiel ihr das dunkle Haar über die Schultern.

Er stand auf. „Seid Ihr in Not?"

Sie schüttelte den Kopf.

„Was führt Euch dann hierher?"

„Ich wollte zu Euch."

So sanft sagte sie das, so verletzlich, dass es an seiner Seele zupfte. Er musste schlucken. „Das geht nicht", sagte er. „Ihr seid eine Frau. Und wir sind eine Bruderschaft von Männern." Seit Jahren hatte er die Gesellschaft von Frauen gemieden, aus gutem Grund. Die Begegnung mit dem Mädchen zeigte es erneut: Die Schönheit einer Frau besaß eine gefährliche Kraft.

„Erkennt Ihr mich nicht? Ich bin es, Klara."

Die kleine Elfjährige, mit deren Schwester er so manche Nacht durchgetanzt hatte? Klara hatte ihn am Morgen, wenn er die Schwester nach Hause brachte, jedes Mal tadelnd angesehen. Julia und er hatten über sie gelacht, was sie noch erboster machte. Die Kleine verachtete das Feiern und Trinken.

Nun war das Mädchen zu einer wunderschönen Frau erblüht. Die Strenge, die ihr Gesicht früher hart gemacht hatte, war von ihr abgefallen. Zartheit und Güte standen in ihren Blick geschrieben. Sie musste inzwischen achtzehn Jahre alt sein, rechnete er sich aus, und sagte: „Es ist schön, Euch wiederzusehen, Fräulein Klara. Aber wie Ihr sicher gehört habt, habe ich mein Leben von Grund auf geändert. Ich tanze nicht mehr, und ich pflege keinen Umgang mit Frauen, auch wenn ich sie hoch achte."

Klara lächelte. „Das weiß ich. Deshalb bin ich doch hier! Ich habe Eure Predigt in San Rufino gehört. Was Ihr tut, ist genau das, was auch ich tun möchte. Ich will in keines der anderen Adelshäuser einheiraten, damit meine Familie noch reicher wird. Ich will nichts mehr besitzen. Mein Leben soll ganz dem Dienst für Jesus Christus gewidmet sein."

Klara gehörte zur berühmten Familie der Offreduccio. Ihre Eltern hatten sicher schon einen Ehemann für sie ausgewählt. Sie würden toben, wenn sie davon erfuhren, dass Klara Nonne werden wollte. „Wissen Eure Eltern von diesem Wunsch?"

Sie schlug den Blick nieder.

Dieser Liebreiz! Ihm wurden die Knie weich und der Mund trocknete ihm aus. Schickte Gott die junge Frau? Oder hatte der Teufel sie gesandt, um ihn in Versuchung zu führen? „Ihr könnt hier nicht bleiben."

„Warum denn nicht?" Sie sah wieder auf. „Ist der Dienst für den Herrn Jesus auf die Männer beschränkt?"

„Natürlich nicht. Aber Ihr könnt als Frau nicht unter uns Männern leben, das wäre unschicklich. Ist Euch nicht klar, dass sich ganz Assisi darüber das Maul zerreißen würde? Außerdem, wo soll das hinführen?"

„Vielleicht werde ich ja ein Mutterschaf."

„Wie bitte?"

„Im Buch Jesaja steht: Er wird seine Herde weiden wie ein Hirte. Er wird die Lämmer in seinen Arm sammeln und im Bausch seines Gewandes tragen und die Mutterschafe führen."

„Ein Mutterschaf ohne Herde ist kein Mutterschaf."

Sie sah zum flackernden Talglicht hin. „Wir werden mehr werden, Francesco. Katharina, meine kleine Schwester, denkt auch darüber nach, sich Euch anzuschließen. Und meine Cousine Pacifica möchte Eurem Orden ebenfalls beitreten. Warum gründet Ihr keinen Ordenszweig für Frauen? Wir müssen nicht bei Euch leben. Wir finden einen Ort in der Nähe, an dem wir arbeiten können."

„Sobald morgen die Sonne aufgeht, wird man bemerken, dass Ihr fehlt. Man wird nach Euch suchen. Eure Eltern werden Euch ausfindig machen und Euch zurückfordern."

„Bis zum Morgengrauen sind's noch einige Stunden. Lasst mich das Gelübde ablegen."

Auch wenn sie ein zartes Geschöpf war, ihr Wille war stark. „Ich möchte keine Schwesternschaft begründen", sagte er.

„Und ich dürfte Euch sowieso kein Gelübde abnehmen, das kann nur der Bischof."

„Der Bischof wird die besonderen Umstände verstehen."

Du meine Güte! Diese Entschlossenheit!

Deshalb hatte Gott Klara zu ihm gesandt. Sie machte ihm vor, was er verlernt hatte! Sie gab das Leben einer Adligen auf, das weiche Bett, die schönen Kleider, das feine Essen und die Tanzvergnügen und wollte stattdessen in Armut leben, und sie tat es gern. Aus freien Stücken ging sie den Weg, an dem er zweifelte.

Wer war er, sich diesem Wunsch zu widersetzen?

Willst du es, Gott?, betete er im Stillen.

Laut sagte er: „Ich gehe und hole ein Messer. Überdenkt so lange Eure Entscheidung und betet."

Sie runzelte die Stirn. „Ein Messer?"

„Wenn Ihr zu uns gehören wollt, muss ich Euch die Haare abschneiden."

Da trat ein Strahlen auf ihr Gesicht. „Ihr seid also bereit, mich aufzunehmen?"

Kurz zögerte er noch. Sollte er über eine Entscheidung von dieser Tragweite nicht einige Tage nachdenken? Aber er fühlte sich seltsam aufgeräumt. Es war das Richtige. „Das bin ich."

Sie rannte auf ihn zu, lachte vor Freude und fiel ihm um den Hals.

Zuerst war er überrascht, dann musste er ebenso lachen und drückte sie kameradschaftlich an sich. „Dieses eine Mal, Schwester Klara."

Sie ließ ihn los. „Verzeiht. Es wird nicht wieder vorkommen. Ich werde Euch mit Respekt und Anstand behandeln. Versprochen."

„Und ich Euch." Er verließ die kleine Kirche. Die kalte Nachtluft tat ihm gut. Ja, Herr, es ist richtig, dachte er. Ich wäre nie auf diese Idee gekommen, aber es ist das Richtige.

Als er mit dem Messer und einer Kutte zurückkehrte, sah er Klara vor dem Kreuz knien. Er trat von hinten an sie heran und legte ihr die Hand auf die Schulter. „Gelobt Ihr, Klara von Offreduccio, in Armut, Keuschheit und Gehorsam vor unserem Herrn Jesus Christus zu leben?"

„Das gelobe ich", sagte sie.

Er nahm ihre wunderbaren weichen Haare, raffte sie zusammen und schnitt sie ab. Dann öffnete er die Faust. Die Locken fielen zu Boden. Er sagte: „Erhebt Euch, Schwester Klara. Eure Schwesternschaft soll heißen: Zweiter Orden der Armen Frauen. Ich werde Euch zu den Benediktinerinnen schicken, bis wir eine geeignete Bleibe für Euch gefunden haben." Ihr Kleid aus blauer Seide schimmerte im Schein des Talglichts. Er legte ihr die Kutte um. „Künftig werdet Ihr einfachere Kleidung tragen müssen."

„Mit Freuden", sagte sie. Ihr Gesicht glühte von innen heraus.

Im Morgenlicht sah die Waldwiese aus, als habe jemand Diamanten darübergestreut. Auch auf den Blättern der Steineichen glitzerten Wassertropfen. Rasch sprach sich unter den Brüdern herum, was in dieser Nacht geschehen war.

Bruder Bernardo war der Erste, der ihn in die Mangel nahm. „Du bringst unsere Bruderschaft in Verruf. Franziskus, du zerstörst alles, was du aufgebaut hast!“

„Gott wird sich um uns kümmern.“

„Hat er dir denn eine klare Anweisung gegeben?“

„Nein.“

Bernardo drückte sich die Faust gegen die Stirn. „Das heißt, du sollst es nicht machen!“

„Wieso heißt Gottes Schweigen, dass ich's lassen soll?“ Franziskus sah hinüber zu den anderen Brüdern, die diskutierend vor der Kirche standen. „Wenn jeder Mensch nur dann handeln würde, wenn er von Gott direkt dazu aufgefordert wird, würde sehr wenig passieren. Ich bin sicher, Gott mag es, dass wir Dinge anpacken.“

„Aber es ist ein Unterschied, ob man ‚Dinge anpackt‘ oder ein kaum achtzehnjähriges Mädchen in eine Bruderschaft aufnimmt. Warum kann sie sich nicht einfach den Benediktinerinnen anschließen? Wieso muss sie unbedingt zu uns kommen?“

„Sie ist adlig. Bei den Benediktinerinnen wäre sie eine Adlige, die im Kloster lebt.“

„Und bei uns? Was ist sie bei uns?“

„Das wird sie noch herausfinden. Wenn Gott will, wird ihr Leben ein wichtiges Zeugnis werden.“

11

Frieden zu stiften! Das war Franziskus' Wunsch. Der Kreuzzug, der Jerusalem und das Heilige Land zurück in die Hand der Christen bringen sollte, stagnierte seit drei Jahren bei ergebnislosem Blutvergießen. Sicher waren beide Seiten des Kriegführens müde.

Jerusalem selbst befand sich seit vierunddreißig Jahren unter der Herrschaft der Muslime. Vielleicht war es das Beste, wenn es einfach so blieb – und man stattdessen versuchte, den Sultan auf freundschaftliche Art für den christlichen Glauben zu interessieren. Es hieß, er sei ein kluger und weltoffener Mann.

Franziskus schiffte sich mit einigen ausgewählten Brüdern ein und fuhr über Zypern und Syrien nach Akko, der neuen Hauptstadt des Königreichs Jerusalem. Von dort aus reiste er weiter nach Ägypten, denn das Kreuzfahrerheer belagerte seit einem Jahr die Hafenstadt Damiette an der Nilmündung. Würde man Damiette erobern, schnitt man Ägypten von Palästina ab und brachte die Getreidefelder der Araber in seine Hand. Damit wollte man ihnen die Versorgung der Truppen im Heiligen Land erschweren.

Schon vom Schiff aus sah Franziskus den Ring aus Belagerungsgeräten, Wällen und Zelten, der die Stadt umschloss. Wo einst eine vorgelagerte Festung gestanden hatte, von der aus man mit einer schweren Kette den befahrbaren Nil-Arm hatte versperren können, war nur noch ein Schutthaufen geblieben. Aber die Stadt Damiette selbst hielt offenbar stand.

Nachdem das Schiff angelegt hatte, verbrachte Franziskus einen ganzen Tag damit, schweigend durch das Kreuzfahrerlager zu gehen und die Ritter und Kriegsknechte zu beobachten. Was er sah, entsetzte ihn. Schon der letzte Kreuzzug, dem die christliche Stadt Konstantinopel zum Opfer gefallen war, hatte einen Mangel an Moral und Glauben offenbart. Hier, vor Damiette, sah er grölende, betrunkene Kriegsknechte, Dirnen, die sich mit den Kreuzrittern in die Zelte zurückzogen und dort vergnügten, halsabschneiderisches Würfelspiel und Streit. Niemand sprach davon, den Muslimen den Glauben an Jesus Christus zu bringen, es ging allein um Beute, Eroberung und Kräftemessen.

Niederländische, flämische und deutsche Kreuzfahrer, Franzosen, Engländer und Italiener redeten durcheinander, stachelten sich gegenseitig zu Prügeleien auf und stießen gotteslästerliche Flüche aus. Profitgier glänzte in ihren Augen. Die täglichen Gottesdienste wurden nur von wenigen besucht.

Dann kommen diese Gottesdienste eben zu euch, dachte Franziskus. Bevor ich mit den Muslimen über das Evangelium rede, muss ich erst einmal die Kreuzfahrer an ihren Glauben erinnern.

Er stellte sich zwischen die Zelte und redete von Gottes Liebe, von Güte und Vergebung, aber auch von der Gefahr, sich durch Geld und Luxus in die Irre führen zu lassen. Zu seinem Erstaunen hörten ihm viele Kreuzfahrer aufmerksam zu.

Bald schon war er im Lager bekannt, und wo immer er auch auftrat und zu den Kreuzfahrern sprach, sammelte sich eine Menschenmenge.

Der päpstliche Legat, Kardinal Pelagius, ließ ihn vor sich kommen und lobte ihn. Er habe innerhalb weniger Tage die Moral im Kreuzfahrerheer beträchtlich gehoben, auch die Gottesdienste seien jetzt besser besucht.

Franziskus bedankte sich. Fortan wurde er täglich vor den Kardinal geladen und sie führten Gespräche über Gott und die Welt. Was Franziskus dabei erfuhr, gefiel ihm allerdings überhaupt nicht.

Einmal, während sie gerade miteinander sprachen, wurde dem Legaten ein Bote al-Kamils gemeldet, des Sultans von Ägypten. Der Legat sagte schroff: „Ich verhandle nicht mit Muslimen, das weiß er genau. Schickt ihn fort."

„Aber wollt Ihr denn gar nicht erfahren, was er anbietet, Eure Eminenz?", fragte Franziskus verwundert.

„Das weiß ich längst. Seit dem Frühjahr liegt mir der Sultan damit in den Ohren. Aber ich werde mich nicht zwischen Jerusalem und Damiette entscheiden, wir nehmen beide Städte ein."

Der Wachhabende verließ das Zelt. Franziskus runzelte die Stirn.

„Al-Kamil bietet an, uns Jerusalem kampflos zu übergeben", erklärte der Legat und nahm einen Schluck aus seinem Becher, „dazu die Gebiete des ehemaligen Königreichs Jerusalem. Er will auch alle Kriegsgefangenen freilassen, die in Ägypten und Syrien lebend aufzufinden sind, und den Wiederaufbau der

Stadtmauer Jerusalems bezahlen. Damit versucht er, Damiette zu retten. Aber ich gehe nicht darauf ein."

„In aller Demut, Eure Eminenz, darf ich fragen, warum nicht? Ihr hättet augenblicklich das Ziel des Kreuzzugs erreicht, das Heilige Land wäre wieder in christlicher Hand, zudem wären viele Kriegsgefangene frei, und es müsste kein Blut fließen. Ich halte das für ein großartiges Friedensangebot."

„Pah! Wir sind nicht so weit gekommen, um jetzt klein beizugeben. Haben wir erst Damiette erobert, steht uns der Weg nach Kairo offen. Wir können alles haben – Jerusalem, Damiette und ganz Ägypten!"

Franziskus wiegte den Kopf. „Ich bin mir da nicht sicher. Das Heer ist nicht im besten Zustand. Ein Angriff auf Damiette wäre gewagt. Die Männer streiten nicht für Gott, sondern für sich selbst. Wäre es nicht besser, die Muslime zum Glauben an Jesus Christus einzuladen?"

Da lachte der Legat. „Du kennst die Muslime schlecht, Franziskus." Bald darauf beendete er das Gespräch und bat Franziskus, am nächsten Tag wiederzukommen, er habe noch zu tun.

Franziskus machte sich große Sorgen. Er sprach mit den Brüdern darüber, die ihn auf seiner Reise begleiteten. Sie waren der Meinung, wenn er vorhersehe, dass sie die Schlacht verlieren würden, müsse er die Kreuzritter warnen.

Also predigte Franziskus öffentlich, ein Sturm auf Damiette sei zum Scheitern verurteilt. Die Männer, die ihm am Vortag noch gerührt zugehört hatten, murrten. Er wurde als feige bezeichnet, als Drückeberger, als Narr. Man befahl ihm, den

Mund zu halten. Mutig redete er weiter. Seine Zuhörer zerstreuten sich. Niemand wollte die Warnung hören.

Wenige Tage später befahl der Legat den Sturm auf Damiette. Die Belagerungsgeschütze schleuderten ihre Steinbrocken, hölzerne Türme wurden an die Mauer herangerollt, und auf langen Leitern kletterten die Mutigsten zu den Zinnen der Stadt hinauf. Von der Mauer und den hundert Steintürmen der Stadt wurde auf die Angreifer geschossen. Die Verteidiger gossen kochendes Öl auf sie herab.

Trotzdem war der Sultan scheinbar von der Entschlossenheit des Angriffs überrumpelt und sah die Stadt als verloren an. Seinen Truppen gelang ein Ausfall und sie flohen in Richtung Wüste. Unter Jubelgeschrei verfolgten die Kreuzritter ihre Feinde. Inmitten der Dünen aber stießen sie auf ein muslimisches Entsatzheer, das sich dort versteckt hatte, und auch die Krieger des Sultans machten plötzlich kehrt und stellten sich ihren Verfolgern entgegen. Es gab ein fürchterliches Gemetzel. Fast sechstausend Christen kamen ums Leben.

Als sich die Staubwolken legten und Franziskus vom Heerlager aus die zahllosen Leichen sah, schluchzte er laut auf. Auch der Legat wurde bleich. Er versuchte, die verbliebenen Kreuzritter zu ermutigen, indem er verkündete, in Kürze würden Truppen von König Friedrich II. erwartet, ein gewaltiges Heer, das die Wende brächte.

Am Abend nach der Schlacht fasste Franziskus den Entschluss, selbst zum Sultan zu gehen, sei es mit oder ohne den Segen des Kardinals.

12

„Kann passieren, dass wir nicht lebendig zurückkommen", sagte Franziskus. „Willst du mich trotzdem begleiten?"

Bruder Illuminato nickte, aber es war deutlich zu sehen, dass ihm die Entscheidung schwerfiel. Schweiß stand auf seiner Stirn und seine Oberlippe zitterte.

Gemeinsam verließen sie das Kreuzfahrerlager und gingen auf eines der Stadttore zu.

„Und wenn sie uns mit Pfeilen durchbohren, bevor wir sagen können, dass wir verhandeln wollen?", fragte Bruder Illuminato.

„Dann sind wir für eine gute Sache gestorben."

Das Tor öffnete sich und Krieger strömten heraus. Im Handumdrehen waren sie umzingelt. Man stieß Bruder Illuminato und Franziskus zu Boden und packte sie bei den Haaren, um sie zu köpfen.

„Sultan!", schrie Franziskus. „Sultan!"

„Ihr seid Unterhändler?", fragte einer der Krieger in französischer Sprache.

Erleichtert erklärte Franziskus: „Wir müssen mit dem Sultan reden. Bitte bringt uns zu ihm." Durfte man um einer guten Sache willen lügen? Der päpstliche Legat, der das Kreuzfahrerheer anführte, hatte sie nicht geschickt. Und auch sonst keiner der hohen Herren.

Der Krieger stieß ein fremdes Wort aus, woraufhin sie losgelassen wurden. Bruder Illuminato zitterte am ganzen Leib, als er wieder aufstand, und auch ihm, Franziskus, waren die Knie weich wie Butter. Sie wurden von den Bewaffneten zum Tor gebracht und betraten die Stadt.

Rasch sammelten sich am Straßenrand Einwohner, die sie böse anstarrten. Natürlich, sie kamen vom Feind. Man machte sie verantwortlich für das Leid, das über die Hafenstadt gekommen war.

Viele spuckten aus oder riefen einen Fluch. Zumindest klangen die kurzen, heiser ausgestoßenen Phrasen in fremdem Zungenschlag danach. Franziskus verbeugte sich im Gehen vor denen, die ihn beschimpften. Sie sahen abgehärmt aus, die Arme dünn, der Blick fiebrig vor Hunger. Sicher hatte der Sultan die Nahrungsmittelvorräte streng rationiert, damit die Stadt einer langen Belagerung standhalten konnte.

Die Schönheit Damiettes stand in schmerzhaftem Gegensatz zum Leiden ihrer Bewohner. Auf den Plätzen plätscherten Springbrunnen und verbreiteten Frieden, die grün bewachsenen Hinterhöfe luden zu einer herrlichen Rast ein. Auf den Terrassen der Häuser spendeten Palmengärten Schatten. Zedern wuchsen am Straßenrand. Aber die Bewohner der Häuser und Gärten waren vom Krieg gezeichnet.

Tief im Herzen der Stadt wurden sie in einen Palast geführt. Die Böden waren mit Mosaiken geschmückt und von einer bunten Pracht, dass Franziskus kaum die Augen davon abwenden konnte. Gold und glänzender weißer Marmor verzierten die Wände. Vor den Fenstern hingen leichte Seidentücher, der kühlende Wind spielte mit ihnen und ließ, wenn er sie für einen Moment gelüpft hatte, ein paar Sonnenstrahlen hindurch, die helle Muster auf den Mosaikboden malten.

Ein glatzköpfiger Mann durchsuchte sie nach Waffen. Dann ging es eine Treppe hinauf.

Als sie einen weiteren Saal betraten, löste sich ein junger Mann aus einer Gruppe von weißbärtigen Beratern, um ihnen entgegenzugehen. Sicher musste das eine Art Hofmarschall sein, es konnte doch nicht –

„Al-Kamil Muhammad al-Malik", sagte der junge Mann und legte die Hand auf seine Brust. „Wen habe ich die Ehre zu begrüßen?"

Der Sultan höchstpersönlich! Eilig verneigte sich Franziskus. Auch Bruder Illuminato beugte das Haupt. Franziskus nannte seinen Namen und erklärte, dass sie Mönche seien und woher sie kamen.

„Ah, Umbrien!" Al-Kamil lächelte. „Ich war noch nie in eurer Gegend. Aber weiter südlich, in Salerno. Ihr habt dort gute Medici."

Erstaunlich: Der Sultan war weder zornerfüllt, noch hasste er die Christen. „Auch arabische Chirurgen praktizieren in der Stadt", sagte Franziskus, um zu zeigen, dass er keine Vorurteile hatte.

„Ich weiß. Ich habe selbst Medizin studiert, meine besten Lehrer waren Ärzte aus Salerno." Al-Kamil musterte ihn einen Moment lang schweigend. Schließlich sagte er: „Du bist ein Mann des Friedens. Und doch hast du dieses Schlachtfeld aufgesucht. Weshalb?"

Sie waren in etwa gleich alt. Würden wir nicht verfeindeten Völkern angehören, dachte Franziskus, könnte al-Kamil ein Freund sein. „Ich bin hier, weil ich um Frieden bitten möchte", sagte er. „Gott kann dieses sinnlose Töten nicht gutheißen."

„Ist das so? Eure Heerführer behaupten etwas anderes."

„Wärt Ihr bereit, den Krieg zu beenden?"

Ein Schatten zog über das Gesicht des jungen Sultans. „Dreimal habe ich Boten in euer Lager geschickt und Pelagius einen Friedensbund vorgeschlagen. Ich habe ihm Jerusalem schenken wollen. Aber er lehnt ab. Der Kardinal und seine Kreuzritter wollen töten, es geht ihnen nicht um Jerusalem."

Franziskus nickte. „Ich schäme mich für meine Glaubensgenossen", sagte er leise.

„Ja, das tust du", entgegnete al-Kamil und seine Züge entspannten sich. „Ich bin froh, dass es Christen gibt, die sich mit dem Blutvergießen im Namen des Propheten Isa nicht einverstanden erklären."

Isa, so nannten die Muslime Jesus. Sie weigerten sich anzuerkennen, dass Jesus Gottes Sohn war, in ihren Augen war er einfach ein Prophet gewesen. Obwohl Franziskus mit dem Ziel hierhergekommen war, dem Sultan Christus nahezubringen, entschied er sich, das Thema auf später zu verschieben. Zuerst und vor allem sollte es um Frieden gehen.

Einen Moment zögerte er, ob er die Neuigkeit weitergeben durfte. Er entschloss sich dazu. Am Ende würde es Leben retten. Er sagte: „König Friedrich II. wird mit frischen Truppen anlanden. Bitte, gebt Damiette auf. Erspart Euch und uns weiteres Morden."

Al-Kamil schüttelte den Kopf. „Nein, Franziskus. Mein Vater hat mir Ägypten vererbt, ich trage Verantwortung für dieses Land und sein Volk. Weißt du nicht, was mit den Frauen von Damiette geschieht, wenn eure Krieger in die Stadt einziehen? Und ist erst einmal Damiette gefallen, dann marschiert das Heer weiter nach Kairo. Glaubst du, ich weiß nicht, was sich Venedig, Genua und Pisa vom Kreuzzug versprechen?" Er atmete tief ein und seine Nasenflügel blähten sich. „Wir werden standhalten."

Einen Moment lang fürchtete Franziskus, der junge Sultan werde das Gespräch für beendet erklären. Stattdessen lud ihn al-Kamil ein, Platz zu nehmen. Bruder Illuminato, Franziskus und der Sultan setzten sich auf weiche Kissen, deren Ecken mit goldenen Quasten geschmückt waren. Man brachte ihnen eine Schale mit Feigen. Aus Höflichkeit aß Franziskus eine der Früchte. Mehr brachte er nicht hinunter, weil er daran denken musste, dass er Hungernden die Speise stahl.

Sie sprachen über Ägypten, über den Nil und die Weizenfelder und Flusspferde. Franziskus erzählte von seinem Vater und seiner wilden Jugendzeit und berichtete, wie Gott ihn gerufen hatte. Aufmerksam hörte ihm der Sultan zu. Er lud ihn ein, einige Tage im Palast zu bleiben.

In den nächsten Tagen lernte Franziskus, wenn wichtige Aufgaben den Sultan beschäftigten, die Berater al-Kamils kennen, Astronomen, Ärzte und Philosophen. Sie sprachen über Gedichte, über Geometrie, über die politische Lage auf der Welt. Mehr und mehr war Franziskus von diesem Hof beeindruckt.

Nicht für das Hier und Heute, sondern für die Ewigkeit mache ich mir Sorgen." Da. Nun war es heraus.

Al-Kamil sagte ruhig: „Das wird sich nicht ändern lassen, werter Freund. Ihr Christen behauptet, Gott habe einen Sohn. Aber eure Vorstellung von drei Göttern – Jesus, der Vater und der Geist – ist in unseren Augen Polytheismus, Vielgötterei. Die schlimmste aller Sünden."

„Für uns sind sie nicht drei Götter, wisst Ihr, sondern ein Gott. Verschieden und doch eins. Vielleicht so, wie man eine Pergamenthaut von zwei Seiten beschreiben kann, und es bleibt doch dieselbe Haut."

„Aber hat nicht Jesus zu Gott gebetet? Wie kann es sein, dass ein Gott mit sich selbst spricht?"

„So fremd ist mir das nicht", sagte Franziskus. „Ich rede öfter mit mir selbst."

Der Sultan lachte. „Du gefällst mir." Er holte geräuschvoll Luft und gab mit einer Geste zu verstehen, dass er das Gespräch beenden wollte. „Selbstverständlich gab es Jesus. Er war ein bewundernswerter Mann, ein großer Prophet. Aber der Koran sagt, dass er nicht gekreuzigt wurde. Euer Glaube ist für uns Blasphemie."

Sollte er es darauf beruhen lassen? Vielleicht konnte er ihn in ein paar Wochen erneut besuchen und die Gespräche fortführen.

Und wenn nicht? Ach, Herr, betete er, erobere sein Herz! Auch wenn al-Kamil sich jetzt zu nichts entschließen konnte, das heilsame Serum musste ihm überbracht werden. „Laut den Evangelien hat Jesus über sich gesagt: ‚Ihr seid von dieser

Welt. Ich bin nicht von dieser Welt.' Er hat erklärt, er und der Schöpfer seien eins. Schon damals machte das die Leute wütend. Sie wollten ihn wegen Gotteslästerung umbringen."

„In meinen Augen eine verständliche Reaktion."

„Ihr Muslime glaubt, Gott beurteilt jeden Menschen gerecht", fuhr Franziskus fort, „jeder bekommt am Ende das, was er verdient. Im christlichen Glauben ist es anders. Ich bin überzeugt davon, dass Christus mit seinem Opfertod die Schuld der Menschen bezahlt hat. Wer sich darauf beruft, der wird gerettet, auch wenn er es nicht verdient. Wir sind uns ähnlich, al-Kamil. Wir sehnen uns nach Frieden, und wir wünschen uns, zu Gott heimzukehren. Ihr versucht als Muslim, diesen Weg durch Waschungen, Gebete und das Spenden an Arme selbst zu schaffen. Aber – bitte verzeiht, dass ich das zu sagen wage – ich fürchte, wir sind zu sehr vom ursprünglichen Weg abgekommen, um uns das ewige Leben durch unsere guten Taten zu verdienen. Wir sind innerlich korrupt, versteht Ihr, was ich meine? Wie eine Frucht, die im Inneren faul ist. Deshalb kommt im Christentum Gott seinen Geschöpfen entgegen, er bezahlt für sie und versöhnt sich selbst mit ihnen, sofern sie dazu bereit sind."

Al-Kamil nickte. „Es gefällt mir, wie du deinen Glauben erklärst. Du bist ein außergewöhnlicher Mann, Franziskus, und ich freue mich, dass ich dir begegnet bin. Der Krieg macht blind für die guten Eigenschaften des Gegners. Deshalb ist es heilsam für mein Herz, einen Christen wie dich kennenzulernen. So wie ich dich hinnehme mit deiner Auffassung über Gott, nimm bitte auch mich hin mit meinem Glauben."

Franziskus ergriff die Hand al-Kamils und drückte sie. Er sah, dass die Leibwachen nach ihren Schwertern griffen. Rasch sagte er: „Das tue ich. Gott ist mit Sicherheit auch bei Euch." Dann ließ er ihn los und die Wachen beruhigten sich wieder.

Al-Kamil wollte Franziskus zum Abschied kostbare Bücher schenken, die man selbst unter den Gelehrten in Italien nicht kannte. Franziskus nahm sie jedoch nicht an, was den Sultan verwunderte. Trotzdem verabschiedeten sie sich herzlich. Al-Kamil sagte mehrmals, Franziskus sei ihm immer willkommen, er hoffe auf ein Wiedersehen.

Eine Ehrengarde begleitete Bruder Illuminato und ihn zum Stadttor. Dann wanderten sie allein über den toten Streifen Land, bis sie das Lager der Kreuzfahrer erreichten. Franziskus suchte gleich Kardinal Pelagius auf.

„Glaubst du etwa dem Gesäusel al-Kamils?", spottete Pelagius. „Die Muslime gehen genauso brutal gegen ihre Feinde vor wie wir. Als die Ägypter vor über zweihundert Jahren Jerusalem erobert haben, gab es ein Blutbad in der Stadt. Sie haben Juden wie Christen hingemetzelt und die Kirchen zerstört. Und was meinst du, wie die Araber Spanien erobert haben? Mit sanften Worten? O nein, sie haben wüst und ohne Erbarmen gekämpft. Im Augenblick mag es al-Kamil passen, auf gut Freund mit uns zu machen, aber glaub mir, es geht ihm um Macht und nichts anderes. Vermutlich will er den Rücken freihaben, um seinem Bruder Damaskus streitig zu machen."

Franziskus widersprach, er versuchte, dem Legaten die Güte des Sultans zu schildern.

„Und du willst ein Christ sein?“, schimpfte Pelagius. „Deine Speichelleckerei bei den Sarazenen ist eine Schande! Wir werden diese Ungläubigen niederstrecken, so wie es der Heilige Vater in Rom befohlen hat. Wage nicht, dich uns in den Weg zu stellen!“

In den nächsten Tagen peitschte der Kardinal die Kreuzritter zum erneuten Angriff auf, obwohl Johann von Brienne, der König von Jerusalem, davon abriet. Rasend durch die aufwühlenden Predigten des Kardinals, gelang es den Rittern tatsächlich, die Stadt zu stürmen. Der junge Sultan und seine Getreuen flohen ins Nildelta.

Die Christen vollzogen ein Massaker an der Bevölkerung von Damiette. In allen Straßen lagen die Leichen. Franziskus mahnte die Krieger zur Mäßigung, aber niemand hörte auf ihn.

Die Pest brach aus wegen der vielen Toten, und Kardinal Pelagius befahl den Truppen, die Stadt wieder zu verlassen. Drei Monate lang konnten sie Damiette nicht in Besitz nehmen, sondern lagerten vor der Stadt. Sie bewachten Häuser und Straßen voller Leichen.

Viele Ritter und Fürsten schämten sich über den Verlauf, den die Belagerung genommen hatte. Johann von Brienne verließ mit seinen Männern das Kreuzfahrerheer und kehrte heim. Seit Jerusalem in die Hände der Muslime gefallen war, bestand das christliche Königreich Jerusalem nur noch aus einem schmalen Streifen an der syrischen Küste. Dorthin fuhren die Schiffe des Königs, und Franziskus, der Damiette und sein Leid nicht länger ansehen konnte, begleitete Johann von Brienne.

An Bord des Schiffes freundeten sie sich an. Zeit seines Lebens behielt der König von Jerusalem sein Interesse an der Franziskanerbruderschaft bei und pflegte gute Beziehungen zu ihr. 1237, in seinen letzten Lebenstagen, als Franziskus längst gestorben war, wurde König Johann von Brienne selbst Mitglied des Ordens. Er liegt bis heute in Assisi begraben.

Franziskus sah al-Kamil nie wieder. Der Sultan schloss aber acht Jahre nach dem Fall von Damiette einen Friedensbund mit Kaiser Friedrich II., den Frieden von Jaffa. Die Christen erhielten Jerusalem, Bethlehem, Lydda und Nazareth zurück. Die Muslime durften den Jerusalemer Tempelberg mit der Al-Aksa-Moschee und dem Felsendom behalten, Christen war es gestattet, dort Andachten zu halten. Im Gegenzug wurde den Muslimen Freizügigkeit im Gebiet um Bethlehem und eine eigene Gerichtsbarkeit unter einem Kadi in Jerusalem zugestanden.

13

Nach der Heimkehr unternahm Franziskus viele lange Wanderungen durch Italien. Er liebte sein Land mehr denn je und sorgte sich um seine Landsleute. Auch in der Bruderschaft selbst galt es Schwierigkeiten zu lösen.

Nicht allen in der Bruderschaft fiel es leicht, auf persönlichen Besitz zu verzichten. Ein besonders hervorstechendes Beispiel dafür war Bruder Elia. Er wohnte trotz aller Ermahnungen in einem prunkvollen Haus, ritt Pferde mit goldenem Zaumzeug und aß feine Speisen. Bis zum Lebensende hielt Franziskus die Freundschaft zu ihm aufrecht, auch wenn die Freude am Besitz und am politischen Strippenziehen Elia der Bruderschaft immer wieder entfremdete.

Wo er noch Einfluss nehmen konnte, blieb Franziskus streng. Einmal bat ihn ein junger Novize namens Masseo am abendlichen Feuer um eine Ausnahme. „Ich möchte ja nichts für mich kaufen“, sagte er, „ich brauche keine besonderen Kleider und kein Kissen. Es ist für den Gottesdienst! Und damit ich darüber meditieren kann. Bitte erlaube mir, ein Psalterium zu kaufen.“

Psalmenbücher waren meist reich verziert und teuer. „Das Evangelienbuch der Gemeinschaft genügt völlig“, sagte Franziskus. „Daraus wird für alle vorgelesen und du hörst einfach mit den anderen zu.“

„Aber die Psalmen sind für mich wichtig“, beharrte Masseo. „Und ich würde das Psalterium natürlich auch an die Brüder verleihen.“

„Du würdest es verleihen?“ Franziskus lachte bitter. „Wie großzügig von dir! Nein, mein Lieber. Keiner erhebt sich hier über den anderen, nicht mit Ämtern und auch nicht mit Besitz. Zuerst willst du bloß ein Psalterium, später dazu noch ein Stundenbuch, und am Ende kaufst du ein Lehrpult und verlangst von deinem Mitbruder: Bring mir mein Buch.“ Er fasste in die kalte Asche am Rand der Feuerstelle und rieb Masseo mit Asche den Kopf ein. „Da hast du dein Psalterium!“

Masseo hustete und rieb sich die Augen. Er stand ohne ein weiteres Wort auf und ging fort.

Später, als er sich zur Nacht schlafen legte, quälten Franziskus Gewissensbisse. Der Novize hatte ja nichts Ungehöriges verlangt, er hatte sicher gemeint, einen guten Wunsch zu äußern. Seine Reaktion auf Masseos Bitte war überzogen gewesen. Was, wenn Masseo seinetwegen in der Hütte lag und vor Scham und Wut weinte? Oder wenn er durch die Asche eine Augenentzündung bekam?

Er hatte eine böse Lust dabei empfunden, als er ihn mit Asche eingerieben hatte, das wurde ihm jetzt bewusst. Er hatte den Novizen bestrafen wollen – dabei war es überhaupt nicht seine Aufgabe, Strafen zu verteilen. Er wollte begeistern und ermahnen, aber er war doch kein Zuchtmeister!

Bedrückt verließ er das Bettlager und schlich über den Hof. „Bruder Masseo“, rief er leise vor der Hütte des Novizen, „bist du noch wach?“

Stroh raschelte in der Hütte. Die Tür öffnete sich. Masseo trat nach draußen ins Mondlicht.

Franziskus ging auf ein Knie nieder, ergriff die Hände Masseos und zog sie an seine Stirn. „Lieber Bruder Masseo, ich bitte dich um Vergebung. Wie ich mit dir umgegangen bin, das war nicht gut, und es hat dein Herz verletzt. Ich hätte mich nicht so verhalten dürfen. Verzeihst du mir bitte?"

Masseo schluckte hörbar. „Natürlich, Francesco, ich verzeihe dir."

Erleichtert stand er auf. Er sagte: „Du bist neu in unserer Bruderschaft. Manches ist noch gewöhnungsbedürftig für dich. Ich würde mich freuen, wenn du bleibst! Wir Brüder besitzen nur unsere Kutte, den Gürtelstrick und die Unterkleider. Für weite Wanderungen oder bei Krankheit darf ein Paar Schuhe hinzukommen. Das ist alles. Kannst du dich darauf einlassen? Möchtest du das? Auch ohne Besitz bist du ein kostbarer Mensch. Wir haben dich gern unter uns."

„Danke." Masseo drückte Franziskus' Arm. „Danke, dass du gekommen bist."

Der Novize grübelte noch einige Tage, dann entschloss er sich frohen Herzens, bei der Bruderschaft zu bleiben.

Andere hatten keine Probleme damit, auf ihren Besitz zu verzichten, sondern ekelten sich vor dem Ungeziefer, das über die Lumpenkleider der Armen krabbelte, oder vor den Kranken.

Franziskus wurde gerufen, weil ein Aussätziger, den die Brüder pflegten, über Tage hinweg derart tobte, dass keiner der Brüder mehr bereit war, in seine Nähe zu gehen. Er schlug

Barmherzigkeit

nach seinen Helfern, fluchte und beleidigte sie, und einmal hatte er einem Bruder sogar in den Arm gebissen.

Franziskus betrat das Siechenhaus mit einem mulmigen Gefühl. Was, wenn der Mann einfach nicht mehr bei Verstand war? Dann würden besänftigende Worte nichts ausrichten. Konnten die zwei Brüder, die ihn begleiteten, fest genug zupacken, um ihn zu halten?

Bruder Leo sagte: „Das ist aber das letzte Mal, dass wir's mit ihm versuchen. Wenn er sich nicht benehmen kann, muss er gehen. Das Siechenhaus ist keine Spielwiese für Gewalttäter."

„Wir helfen ihm und zum Lohn dafür quält er uns", schimpfte Bruder Bernardo. „Es macht ihm einen Heidenspaß, anderen Angst einzujagen. Sollen wir uns alles gefallen lassen?"

Und tatsächlich, als sie sich dem hintersten dunklen Winkel des Hauses näherten, in dem sich der Aussätzige auf einem Flecken Stroh niedergelassen hatte, polterte er gleich: „Euer Jesus kann mich mal! Verschwindet, ihr blöden Pfaffen!"

„Gott schenke dir Frieden", sagte Franziskus.

Der Aussätzige rappelte sich auf und humpelte heran. „Frieden? Den hat er mir längst genommen! Er lässt mich verfaulen, siehst du das nicht?"

„Du leidest, das weiß ich. Aber hab Geduld –"

„Die hatte ich lange genug!", schrie der Leprakranke. Sein wütender Blick sprang zu Bernardo und Leo und anschließend zurück zu ihm. „Die beiden hast du dir zum Schutz mitgebracht, ja?" Er bleckte die schwarzen Zähne. „Haut lieber ab! Niemand hier pflegt mich richtig. Das sind alles faule

Schweine, deshalb sind sie Mönche geworden. Beten ist nicht so anstrengend wie Lederwalken, was? Und du bist das Oberschwein. Du hast für euch alle die Schlammgrube eingerichtet. Jetzt könnt ihr euch schön darin suhlen."

Wortlos machte Franziskus kehrt und verließ den Raum, gefolgt von den Brüdern.

„Ja, verpisst euch!", schrie der Aussätzige. „Lasst euch hier nicht mehr blicken!"

„Hab ich's nicht gesagt?" Bernardo ballte die Fäuste vor Wut.

Auch Leo hatte einen roten Kopf bekommen. „Dem sollte mal einer die Leviten lesen."

Franziskus schichtete Feuerholz unter den Kessel.

„Was machst du da?", fragte Bernardo.

Er drückte Bernardo einen Eimer in die Hand. „Bitte hole Wasser." An Leo gewandt, sagte er: „Und du bring Kräuter für ein Bad."

Während sie taten, was er ihnen aufgetragen hatte, entfachte er das Feuer. Bald erwärmte sich das Wasser im Kessel, und er gab die Kräuter hinzu, die Bruder Leo geholt hatte. Als das Wasser beinahe kochte, schöpfte er mit dem Eimer etwas davon aus dem Kessel und kehrte mit einem Tuch in der einen und dem Eimer in der anderen Hand zum Aussätzigen zurück.

„Was willst du schon wieder, du Faulpelz?", ging der Mann ihn an.

Das Wasser im Eimer dampfte. Ein angenehmer Kräuterduft stieg mit dem Dampf auf. „Bruder Leo, Bruder Bernardo, geht und lasst uns allein." Franziskus stellte den Eimer ab und ließ das Tuch hineinfallen. Dann streifte er den oberen Teil seiner Kutte ab und band sie über dem Gürtel zusammen, sodass sein Oberkörper frei war. Nachdem er sich vergewissert hatte, dass die beiden fort waren, trat er auf den Kranken zu. „Bitte, lass mich dich waschen", sagte er leise.

Der Aussätzige wich vor ihm zurück. Sein Mund wurde plötzlich klein, und in den Augen saß Angst.

Als der Kranke mit dem Rücken zur Wand stand und nicht weiter zurückweichen konnte, begann Franziskus behutsam, ihn zu entkleiden. Er merkte, dass sich die Lumpen mit den eiternden Wunden verbunden hatten. Wollte man sie lösen, würde man die Wunden aufreißen. Er tunkte das Tuch ins warme Kräuterwasser und weichte die harten Stellen auf. Am Ende klebte es nur noch und ließ sich leichter lösen.

Zwei Stunden dauerte es, bis er den ganzen Körper gewaschen hatte. Mehrfach ging er nach draußen und goss das Wasser weg und holte frisches Wasser aus dem Kessel. Endlich war der zerschundene Körper sauber. Franziskus half dem Kranken dabei, sich wieder anzuziehen.

Dem Aussätzigen standen Tränen der Reue in den Augen. „Ich glaube, ich konnte mich selbst nicht mehr riechen, so sehr hab ich gestunken."

„Vor Gott hast du die ganze Zeit geduftet wie ein Neugeborenes." Franziskus lächelte. „Er liebt uns mit feurigem Herzen. Nur können wir das manchmal nicht fassen."

14

Franziskus stand bei Gaeta am Meeresufer, hinter sich die rauschenden Wellen, und sprach zu den versammelten Fischern. Seit Monaten war er wieder unterwegs. Er predigte im Hügelland neben einer Weinkelter genauso wie auf den Marktplätzen der Städte. Ein glücklicherer Wanderer war er, der den Anblick der Wälder und Seen genoss und dem Gesang der Vögel lauschte. Er und die Brüder, die ihn begleiteten, waren auf die Hilfsbereitschaft fremder Menschen angewiesen. Genauso hatte er es haben wollen.

In Narni traf ein Waldenser ein, um zu predigen, just als Franziskus auf dem Markplatz stand und zu den Leuten sprach. Der Waldenser hatte bereits von ihm gehört und so stellte er sich voller Neugierde in die Zuhörermenge und lauschte.

Später sprach er Franziskus an: „Ich staune, dass du nicht mit uns Waldensern gemeinsame Sache machst. Sagen wir nicht genau das Gleiche? Petrus Waldes, unser Gründer – er war Tuchhändler wie du. Und wir versuchen, in Armut den Weg Christi zu gehen. Warum hältst du noch an der Kirche fest? Sie erstickt doch in Prunksucht und Machtstreben. Die Kirche hat sich dem Irdischen zugewandt, dem Vergnügen, dem Reichtum und der Macht. Wie soll sie da noch den Durst der Menschen nach der Begegnung mit Gott stillen?“

Die Frage rührte in Franziskus an einen wunden Punkt. Er dachte an Damiette zurück und an die Brutalität und Uneinsichtigkeit des Kardinallegaten. Damals waren ihm tatsächlich Zweifel gekommen, ob es richtig war, dass er sich mit seiner Bruderschaft dem Papst unterstellte, die diesen Legaten entsandt hatte. „Du hast recht mit deinen Vorwürfen gegen die Kirche“, sagte er. Welche Antwort gab er sich selbst? Er forschte in seinem Inneren. Wenn er ehrlich war, hatte er die Frage bisher von sich geschoben. Er hatte die Konsequenzen einer Antwort gefürchtet. War es das Richtige, loyal zur Kirche zu stehen? „Aber unsere Ansätze sind verschieden. Du versuchst die Kirche von außen zu ändern, ich versuche dasselbe von innen heraus.“

„Rom will sich nicht ändern“, sagte der Waldenser. „Denk an Arnold von Brescia! Der wurde auf Befehl des Papstes erdrosselt, nur weil er angemahnt hat, dass Priester keine Güter besitzen sollten und Bischöfe keine Lehen.“

„Das ist nicht die ganze Wahrheit.“ Franziskus schüttelte den Kopf. „Er hat die päpstliche Kurie eine ‚Wechselstube und Mördergrube‘ genannt.“

„Denk an das schreckliche Blutvergießen in Frankreich, die Belagerung von Toulouse, den brutalen Kampf der Kirche gegen die Katharer!“

„Diese Gewalt ist verachtenswert, da stimme ich dir zu. Ich habe in Damiette beim Kreuzzug Furchtbares gesehen. Aber was die Katharer lehren –“

„Ich weiß, ich weiß“, unterbrach ihn der Waldenser, „es ist haarsträubend.“

„Das Volk hört ihnen gerne zu, weil sie das luxuriöse Leben der Kirchenfürsten anprangern. Aber sie sagen ja nicht nur das. Sie lehnen Jesus als Erlöser ab!“

„Ich weiß. Es ist abstrus.“

„Das entschuldigt natürlich nicht die Gewalt der Kirche ihnen gegenüber.“ Er seufzte. „Manchmal denke ich, es ist meiner Bruderschaft gelungen, den Katharern in Norditalien ohne Blutvergießen den Nährboden zu entziehen, weil wir die Gier kritisieren wie sie, dabei aber bei Jesus bleiben.“

„Und trotzdem.“ Der Waldenser sah ihn glühend an. „Geistliche Ämter werden gegen Bestechungsgelder vergeben. Priester torkeln betrunken durch die Straßen. Die Bischöfe feiern Festgelage und essen üppig, während um sie herum die Bevölkerung hungert. Kannst du das gutheißen? Jede Woche geht ein neues Spottgedicht um, das von den Ausschweifungen der Mönche und Nonnen erzählt, von ihren sexuellen Abenteuern und ihrem liederlichen Lebenswandel. Die Kirche wird untergehen, sie hat durch ihre Unmoral alle Glaubwürdigkeit verloren.“

„Hat man nicht Jesus vorgeworfen, dass er sich mit Betrügern abgibt? Er hat geantwortet, dass er als Arzt zu den Kranken geht und nicht zu den Gesunden. Vielleicht ist die Kirche krank und braucht unsere Hilfe. Deshalb geben wir sie noch lange nicht auf.“ Während er es aussprach, spürte er eine tiefe innere Befriedigung. „Ja, das ist es. Zumindest empfinde ich es als meine Aufgabe. Meine Brüder und ich sind zur Unterstützung der Priester gesandt. Mag sein, dass vom prachtvollen Kirchenhaus wirklich nur noch eine Ruine geblieben ist. Dann wollen wir helfen, es zu reparieren.“

Der Waldenser verzog das Gesicht. „Du kannst das vielleicht. Uns erlaubt man so was nicht. Wir werden schikaniert und gejagt und mit Predigtverboten belegt."

„Es gibt doch auch gute Beispiele innerhalb der Kirche. Maria von Oignies und ihr adliger Ehemann haben den größten Teil ihres Vermögens für Leprakranke und andere Bedürftige gespendet und haben ihr Haus in Williambrouk in ein Leprahospital umgewandelt. Franziskus nahm sich vor, künftig sein Augenmerk auf diese guten Beispiele zu richten. Gott freut sich, wenn wir Seelen gewinnen. Das können wir besser erreichen, wenn wir mit den Geistlichen in Frieden leben, als wenn wir mit ihnen im Streit sind. Ist einer von ihnen im Unrecht, dann gebührt Gott das Urteil darüber. Ich für meinen Teil werde weiter mit ihnen zusammenarbeiten."

Kurze Zeit später erreichte Franziskus eine Einladung nach Rom. Er sollte vor dem Papst und den Kardinälen predigen.

Er! Ein Tuchhändlersohn, der in Höhlen und Hütten lebte und einfachen Leuten mit einfacher Sprache von der Erlösung durch Christus erzählte, sollte den gebildeten Kirchenfürsten etwas über Gott erzählen!

Sicher wollten sie seine Rechtgläubigkeit prüfen. Er hatte gehört, dass manche seine Bruderschaft als Konkurrenz zu den örtlichen Kirchen betrachteten. In den Gottesdiensten der Kirchen saßen müde, gähnende Zuhörer – bei seinen Predigten und denen der Brüder dagegen versammelten sich begeisterte Massen. Wen wunderte es, dass sie in einigen Orten als Bedrohung wahrgenommen wurden?

Die Bruderschaft war groß geworden, Tausende Brüder lebten in der Lombardei, in Apulien, Umbrien, der Toskana, der Mark Ancona, Caserta und Kalabrien. Sollte er deshalb in der päpstlichen Kurie in Rom predigen? War es eine Prüfung?

Der Kardinal von Ostia versprach, sich seiner anzunehmen. Er nahm ihn bei sich auf und begann, nachdem Franziskus sich einen Tag von der Reise erholt hatte, mit ihm das Latein der studierten Leute zu üben. Sie arbeiteten gemeinsam an seiner Rede, die er vor den Kardinälen halten würde. Eine Woche lang lernte Franziskus die Rede auswendig. Er konnte sie bald fließend aufsagen. Um auch in der ungewohnten Situation nicht zu versagen, übte er, die Teile in falscher Reihenfolge aufzusagen, er übte die Rede, während er rückwärts durch den Raum ging, er übte sie im Liegen und im Sitzen und im Stehen.

Schließlich war der große Tag da. Als sein erster Blick auf die erlauchte Zuhörerschaft fiel, die scharlachroten Talare, die weisen Gesichter, schnürte sich ihm die Kehle zu. Papst Honorius III. lächelte aufmunternd. Die erwartungsvollen Blicke der Kardinäle machten alles nur noch schlimmer. Seine Handflächen schwitzten, und er fuhr mit ihnen über die Kutte, um den Schweiß abzuwischen. Im nächsten Moment wurde ihm bewusst, dass jeder im Raum diese Geste gesehen hatte.

Sie wussten, dass er nicht studiert hatte. Sie wussten, welches Leben er früher geführt hatte und auch vom Streit mit Vater. Sie hatten gehört, dass er manchmal mit Tieren sprach und einmal einen Gelähmten hatte heilen wollen, und Gott hatte keine Heilung geschenkt, der Mann war bis heute gelähmt. Auch wenn der Herr Jesus oft genug nach einem flehenden Gebet für einen Erkrankten Heilung geschenkt hatte, bei dem Gelähmten war es nicht geschehen, aus welchem Grund auch immer. Sicher dachten sie jetzt an diesen Gelähmten und nicht an den Gichtkranken in Narni, den er hatte heilen können, oder das blinde Mädchen in Bevagna, das sehend geworden war.

Franziskus kam sich bloßgestellt vor. Nackt stand er da wie auf dem Platz vor dem Bischofspalast in Assisi, nur dass ihn diesmal kein geistlicher Furor erfüllte. Stattdessen breitete sich eine flaue Furcht in seinem Magen aus. Je länger er schwieg und vor sich hin starrte, desto ärger wurde es. Runzelte dort nicht schon ein Kardinal die Stirn? Und sah ihn der Papst nicht inzwischen besorgt an?

Er grub im Gedächtnis nach den ersten Worten der Predigt. Wie hatte er beginnen wollen? Immer hektischer jagte sein Puls. Dann eben nicht der Anfang, den ließ er weg, wie hatte es weitergehen sollen? Einzelne Satzfetzen blitzten kurz in ihm auf, nur um sofort wieder zu verlöschen. Seine Zunge schien anzuschwellen, gleichzeitig war die Kehle rau und trocken.

Er krächzte: „Ich habe meine Predigt vergessen." Uneingeschränkte Offenheit war manchmal das Beste. Er sah in die Runde. „An kein einziges Wort kann ich mich erinnern."

Der Kardinal von Ostia schlug beschämt den Blick nieder. Ein anderer Kardinal grinste. Zwei weitere tuschelten, und der Papst sah ihn verunsichert an, als frage er sich, ob Franziskus ernst meine, was er gerade gesagt hatte.

Franziskus schloss die Augen. „Wunderbarer Schöpfer, wir loben dich. Sei gelobt mit unserer Schwester Sonne, die den Tag macht und uns mit ihrem Licht leuchtet. Sei gelobt mit Bruder Mond und den Sternen. Du hast sie am Himmel geformt in funkelnder Ferne. Sei gelobt durch Bruder Wind, durch Wolken, Luft und Regenwetter. Du schaffst Leben. Ich erbitte deine Hilfe, du siehst, mein schwaches Herz ist verunsichert, und ich kann mich an meine Predigt nicht erinnern. Gib deinen Segen für diese Zusammenkunft. Amen."

Als er die Augen wieder aufschlug, bemerkte er einen feuchten Schimmer in den Augen des Papstes. Auch der Kardinal von Ostia sah ihn fasziniert an. Er musste plötzlich an Masseo denken. War das ein Wink von Gott? Er fragte: „Hat einer von Euch ein Psalterium, das ich mir leihen könnte?"

Er hätte „Eminenz" sagen müssen. Aber wie formulierte man das? Hat eine von Euch Eminenzen ein Psalterium? Nein, er war einfach nicht in der Lage, so hochtrabend zu reden.

Keiner der Kardinäle führte ein Psalterium mit sich, aber auf Geheiß des Papstes wurde eines herangeschafft. Franziskus schlug es irgendwo auf, legte den Finger auf die Seite und las vor: „Täglich ist mir meine Schmach vor Augen, und Scham hat mein Gesicht bedeckt."

Was sollte er dazu sagen? Er schämte sich. Eine Predigt war das noch nicht. Hätte er nicht einen anderen Psalm finden können? Er sah auf. Sah in die Gesichter der Kardinäle. Und da begriff er. „Ihr seid das Gesicht der Kirche", sagte er. „Jeder Priester ist das Gesicht der Kirche. Die Leute sehen ihn an und wollen Jesus darin finden, seine Güte, seine Freundlichkeit. Oft sehen sie stattdessen Stolz, Prunksucht und Gier. Wir brauchen als Kirche eine neue Ausrichtung auf Christus. Wir müssen uns fragen: Wer ist Christus? Wie leben wir, wenn wir ihn in unserem Herzen tragen? Wie entfaltet sich seine Liebe in uns und durch uns?"

Er redete nicht im gewählten Latein, das ihm der Kardinal von Ostia hatte beibringen wollen. Längst hatte er in die Sprache des Volkes übergewechselt. Aber die Kardinäle und Papst Honorius III. sahen ihn voller Verblüffung an, sie folgten seinen Gedanken und waren innerlich bewegt davon. Je länger er sprach, desto freier wurde er. Bald machte es keinen Unterschied mehr für ihn, dass er vor wichtigen Männern sprach. Es hätte genauso gut ein Dorfplatz sein können.

Zwei Tage später, als er wieder nach Norden in Richtung seiner Heimat wanderte, sang er das Gebet über Schwester Sonne und Bruder Mond, das ihm in der ärgsten Not eingefallen war. Er erfand die Melodie kurzerhand selbst. Sicher würde er noch länger daran feilen, aber eines Tages würde er den Text aufschreiben, da war er sich sicher.

Die helle, gute Stimme, die seine Saufkumpane in der Jugendzeit immer gern gehört hatten, die Stimme, die ihm die sehnsüchtigen Blicke der Mädchen eingebracht hatte und ihm die Herzen der Menschen zufliegen ließ, diese Stimme erhob sich frei und fröhlich über die Straße. Er trug kein Hemd aus syrischem Damast und keine seidene Mütze, sondern eine schlichte braune Kutte mit einem Strick als Gürtel. Ihn erwartete kein Abendessen aus Krebspastete, geröstetem Fisch und Trauben, sondern ein schlichtes Stück Brot oder eben das, was die Leute an der Tür einem Bettler gaben. Aber er wusste, wozu er auf der Erde war, und damit war er der glücklichste Mensch der Welt.

Laudato si, mi signore, per frate focu,
per lo quale enn'allumini la nocte,
ed ello è bello et iocundo et robustoso et forte.

Laudato si, mi signore, per sora nostra matre terra,
la quale ne sustenta et governa,
et produce diversi fructi con coloriti flori et herba.

Laudato si, mi signore, per quelli ke perdonano
per lo tuo amore,
et sostengo infirmitate et tribulatione.
Beati quelli ke 'l sosterrano in pace,
ka da te, altissimo, sirano incoronati.

Laudato si, mi signore, per sora nostra morte corporale,
da la quale nullu homo vivente pò skappare.
Guai a quelli, ke morrano ne le peccata mortali:
beati quelli ke trovarà ne le tue sanctissime voluntati,
ka la morte secunda nol farrà male.

Laudate et benedicete mi signore,
et rengratiate et serviateli cun grande humilitate.

Sonnengesang oder Lob der Schöpfung

Es beginnt das Lob der Schöpfung, das der selige Franziskus zu Lob und Ehre Gottes dichtete, als er krank bei St. Damianus lag.

Höchster, allmächtiger, guter Herr,
dein sind der Lobpreis, die Herrlichkeit und Ehre
und jeglicher Segen.
Dir allein, Höchster, gebühren sie,
und kein Mensch ist würdig, dich zu nennen.

Gelobt seist du, mein Herr,
mit allen deinen Geschöpfen,
zumal dem Herrn Bruder Sonne;
er ist der Tag, und du spendest uns das Licht durch ihn.
Und schön ist er und strahlend in großem Glanz,
dein Sinnbild, o Höchster.

Gelobt seist du, mein Herr,
durch Schwester Mond und die Sterne;
am Himmel hast du sie gebildet,
hell leuchtend und kostbar und schön.

Gelobt seist du, mein Herr,
durch Bruder Wind und durch Luft
und Wolken und heiteren Himmel und jegliches Wetter,
durch das du deinen Geschöpfen den Unterhalt gibst.

Gelobt seist du, mein Herr,
durch Schwester Wasser,
gar nützlich ist es und demütig und kostbar und keusch.

Gelobt seist du, mein Herr,
durch Bruder Feuer,
durch das du die Nacht erleuchtest;
und schön ist es und liebenswürdig und kraftvoll und stark.

Gelobt seist du, mein Herr,
durch unsere Schwester, Mutter Erde,
die uns ernährt und lenkt
und vielfältige Früchte hervorbringt
und bunte Blumen und Kräuter.

Gelobt seist du, mein Herr,
durch jene, die verzeihen um deiner Liebe willen
und Krankheit ertragen und Drangsal.
Selig jene, die solches ertragen in Frieden,
denn von dir, Höchster, werden sie gekrönt werden.

Gelobt seist du, mein Herr,
durch unsere Schwester, den leiblichen Tod;
ihm kann kein lebender Mensch entrinnen.
Wehe jenen, die in schwerer Sünde sterben.
Selig jene, die sich in deinem heiligsten Willen finden,
denn der zweite Tod wird ihnen kein Leid antun.

Lobt und preist meinen Herrn
und sagt ihm Dank und dient ihm mit großer Demut.

In tiefer Demut

Franziskus von Assisi
wurde 1181/82 im italienischen Assisi geboren. Sein Taufname lautet Francesco Giovanni di Pietro Bernardone. Francesco Giovanni war der Sohn des wohlhabenden Tuchhändlers Pietro Bernardone und seiner französischen Ehefrau Giovanna Pica.

Im Alter von 25 Jahren hörte Franziskus in der verfallenen Kirche von San Damiano vom Kreuz her eine Stimme, die ihn aufforderte, Gottes Haus instand zu setzen.
Gestorben ist Franziskus am 3. Oktober 1226 im Kloster Portiuncula, heute Santa Maria degli Angeli bei Assisi in Italien.

Titus Müller
Jahrgang 1977, studierte in Berlin Literatur, Mittelalterliche Geschichte, Publizistik und Kommunikationswissenschaften. Mit 21 Jahren gründete er die Literaturzeitschrift „Federwelt". Seine Ratgeber und historischen Romane begeistern viele Leser. Titus Müller wurde mit dem „C. S. Lewis-Preis" und dem „Sir Walter Scott-Preis" ausgezeichnet. www.titusmueller.de

Eberhard Münch

Jahrgang 1959. Schon als Kind begeisterte er sich fürs Malen und Zeichnen. 1981 Studium italienischer Wandmalerei und von 1983 bis 1987 Studium an der Akademie der Bildenden Künste in Nürnberg, Seit 1987 selbstständig als freier Maler und Raumgestalter. Aufträge im In- und Ausland. Zahlreiche Ausstellungen und Ausstellungsbeteiligungen seit Anfang der 1980er-Jahre. www.atelier-muench.de

Bildnachweis

Die Bilder für dieses Buch sind im Spätsommer des Jahres 2013 zu den Texten von Titus Müller und Franz von Assisi im Atelier von Eberhard Münch entstanden.
Der Künstler hat alle Bilder in Mischtechnik ausgeführt – mit Aquarellfarbe, Kreide, Tusche und Bleistift.

Umschlagabbildung: Originalformat 57 x 76 cm (Ausschnitt),
Seite 6/7: Originalformat 29,5 x 42 cm (Ausschnitt)
Seite 8: Originalformat 29,5 x 42 cm
Seite 30/31: Originalformat 51 x 73 cm (Ausschnitt)
Seite 33: Originalformat 51 x 73 cm
Seite 39: Originalformat 56,5 x 77 cm, entstanden 2011
Seite 42: Originalformat 29,5 x 42 cm
Seite 54/55: Originalformat 42 x 29,5 cm
Seite 59: Originalformat 57 x 76 cm
Seite 65: Originalformat 38 x 57 cm,
Seite 68/69: Originalformat 42 x 30 cm
Seite 78/79: Originalformat 57 x 76 cm (Ausschnitt)
Seite 80: Originalformat 57 x 76 cm
Seite 85: Originalformat 29,5 x 42 cm
Seite 88/89: Originalformat 77 x 56,5 cm
Seite 105: Originalformat 29,5 x 29 cm
Seite 116/117: Originalformat 56,5 x 77 cm (Ausschnitt)

Seite 124: Originalformat 29,5 x 42 cm

Seite 138/139: Originalformat 73 x 51 cm

Seite 142/143: Originalformat 32,5 x 20 cm

Seite 151: Originalformat 38 x 57 cm

Seite 159: Originalformat 42 x 30 cm (Ausschnitt)

Seite 160/161: Originalformat 57 x 76 cm (Ausschnitt)

Seite 169: Originalformat 57 x 76 cm

Seite 171: Originalformat 57 x 76 cm

Originalbilder können über die Galerie des Künstlers erworben werden: www.blog.atelier-muench.de

MIX
Papier aus verantwortungsvollen Quellen
FSC® C101807

Verlagsgruppe Random House FSC-DEU-0100
Dieses Buch wurde auf FSC®-zertifiziertem Bilderdruckpapier gedruckt.

1. Auflage 2014
Bestell-Nr. 835006
ISBN 978-3-86334-006-3

Gestaltung und Satz: Stefan Wiesner
Druck: Proost, Belgien